... und mit dem Baikal-Express wieder zurück

Marlies Goßmann-Holthaus

... und mit dem Baikal-Express
wieder zurück

Begegnungen am Rand einer Reise durch die Sowjetunion 1989

Bibliografische Information der Deutschen Bibliothek:
Die Deutsche Bibliothek verzeichnet diese Publikation in der
Deutschen Nationalbibliografie; detaillierte Informationen sind im
Internet über
<http://dnb.ddb.de> abrufbar.

© 2006 Marlies Goßmann-Holthaus
Herstellung und Verlag: Books on Demand GmbH, Norderstedt
ISBN 3-8334-4075-9

Inhalt

Ein Traum entsteht

1950 in Dessau. –

Das kleine Mädchen saß auf dem Korbstuhl vor dem Fenster in der Thälmann-Allee und »las« einen Brief. Es war vier Jahre alt.

Die Augen zogen die geheimnisvollen Zeichen auf dem Briefumschlag nach: geschwungene Bögen, Schlangenlinien, Kurven und Schnörkel – und immer in lila Tinte. Dies war wieder so ein »kostbarer« Brief, bei dem Opa und Oma feuchte Augen bekamen. Von Tante Trudchen aus dem fernen Russland.

Das kleine Mädchen kannte sie nicht, diese Tante und auch nicht den Onkel Anton, die »damals nach Russland verschleppt« worden waren. Der Onkel war Ingenieur bei den Junkerswerken in Dessau gewesen und musste, weil der Krieg verloren war, nun bei den Russen Flugzeuge bauen. Auch der Papa war bei Junkers gewesen, aber die Russen hatten ihn nicht gekriegt, weil er sich schnell genug abgesetzt hatte! So hatten ihn die Russen nicht mitnehmen können.

Manchmal schrieb die Tante sehr traurige Briefe, sodass alle weinten, auch die Mutti. Oft aber standen auch wunderschöne Geschichten darin vom Baden in einem großen Fluss, der so breit sein sollte, dass man das andere Ufer nicht sehen könne. Das kleine Mädchen kannte schon drei Flüsse: die Elbe, die Mulde bei Dessau und den Rhein bei Duisburg. Aber bei denen konnte man die Kühe, die Bäume und die Häuser am anderen Ufer immer noch sehen.

Die Tante schrieb in ihren langen Briefen von Birken mit schneeweißen Stämmen und Wäldern, in denen sie und die anderen deutschen Frauen Beeren und Pilze sammelten.

Am liebsten aber waren ihm die Fotos, die manchem Brief beilagen, auf denen ein kleines Mädchen zu sehen war, mal mit einem Blumenkränzchen im dunklen Haar, winzig auf einer riesigen Blumenwiese, so weit, dass sie das ganze Bild ausfüllte, dann wieder mitten im Schnee, Filzstiefelchen an den Füßen, ein Pelzmützchen auf dem Kopf und eingemummelt in einen Fellmantel. Das war Edeltraud, ihre Cousine, die 1948 in Russland zur Welt gekommen war.

Auf anderen Bildern spielte dieses kleine Kind mit mehreren größeren Kindern im Sand an einem riesengroßen Fluss, wo man tatsächlich das andere Ufer nicht sehen konnte. Die Erwachsenen erklärten dann, das sei die Wolga, die durch Russland fließt.

Auf einem anderen Foto hatte der Onkel ein Holzhaus mit hellen geschnitzten Fensterläden festgehalten, Blumen vor den kleinen Fenstern, eine »Datscha«, in der die Russen »hausten«, mit Hühnern und Ziegen davor.

Über die Russen hörte das Mädchen schreckliche Geschichten: dass sie böse wären, »verschleppte« Deutsche immer mit »Dawai! Dawai!« und »Raboti, raboti« antrieben und ihnen ganz wenig zu essen gäben. Und dann – dann wurden die Stimmen der Großen immer ganz leise –, dass sie den Frauen, »wie letztens der Frau Kemnitzer«, schreckliche Sachen antaten.

Das kleine Mädchen hörte die Geschichten, aber auf den Fotos hatten die Russen so wundersame Kirchen mit goldenen Türmen und Zwiebelhüten, wie sie kein Märchenbuch schöner erfinden konnte. Hier in Dessau waren alle Kirchen Ruinen, an denen vorbeizugehen es sie grauste.

Vor den russischen Männern, den Soldaten, ja da hatte sie Angst, große Angst! Die waren gefährlich. Mutti begann schneller zu laufen und schleifte sie fast hinter sich her, wenn die stinkenden russischen Lastwagen auftauchten. Manchmal bellte jemand laute Befehle von den Wagen herab, manchmal schossen sie auch wild in die Luft, wenn sie betrunken waren, so wie sie eines Morgens auf eine Nachbarfamilie, die im Kühnauer Wald einen Sonntagsspaziergang gemacht hatte, geschossen hatten. Danach fehlten plötzlich für immer zwei ihrer Spielkameraden.

Wenn sie allein auf der Thälmann-Allee spielte und die russischen LKW kamen, versteckte sie sich ganz schnell. Ihr Herz pochte dann so laut, dass sie glaubte, sie würden sie diesmal bestimmt finden.

So sehr fürchtete sie sich, dass sie der Papa in Duisburg, wann immer englische Soldaten im Duisburger Wald mit ihren Motorrädern herumknatterten, mit »aber das sind doch die zahmen Engländer« zu beruhigen versuchte.

Es konnte aber auch vorkommen, dass sich mit den Lastwagen eine traurige Melodie, getragen von dunklen Männerstimmen, näherte, die anschwoll wie eine Orgel in der Kirche.

Dann sangen die Soldaten auf den Wagen wehmütige Lieder in ihrer Sprache, die herausgebellt so furchterregend wirkte und gesungen zum Weinen schön war.

Einmal kam der Opa genau zu diesem Zeitpunkt nach Hause. »Jetzt haben sie wieder Heimweh, die Saukerle!«

»Heimweh«, das kannte sie schon und verstand nicht, warum die Männer dann nicht einfach nach Haus fuhren. Angst vor den singenden Russen hatte sie kein bisschen, sie stand da, bis die Männer auch den letzten Ton mitgenommen hatten.

Einmal die Kirchen mit den goldenen Türmen sehen!

Einmal an einem solch riesigen Strom stehen!

Einmal die Menschen erleben, die in ihren gefühlvollen Melodien so wundervoll sangen!

Dann: Einmal den Ural, die Grenze zwischen Europa und Asien überqueren!

Einmal den Orient erleben …!

Einmal über die Basare an der Seidenstraße schlendern …!

Einmal mit der Transsib, der Transsibirischen Eisenbahn, durch das weite Sibirien fahren …!

Im Laufe vieler Jahre entstand eine Sehnsucht, entstanden Träume, die immer klarere Konturen annahmen.

»Alles hat seine Zeit.«

Meine Zeit war das Jahr 1989, drei Jahre, nachdem Gorbatschow Glasnost und Perestroika eingeläutet hatte.

Ich war so weit, mich den als Widersprüche gefühlten Bildern aus der Kinderzeit stellen zu wollen.

Ich hatte mich gemeinsam mit meiner Schwägerin Ute einer offiziellen Reisegruppe angeschlossen, die vom 2.7.–23.7.1989 mit festem Programm die UdSSR bereiste. Für eine freiere Reiseform fehlte mir der Mut. Also hielten sich die Gelegenheiten, mit Menschen dort in Kontakt zu kommen, in Grenzen …

Russland mit Moskau,

Georgien mit Tiflis (Tblissi),

Armenien mit Jerewan,

Aserbaidschan mit Baku,

Usbekistan mit Samarkand, Buchara, der Wüstenstadt Chiwa und Taschkent,

das waren unsere ersten Stationen. Dann folgte der große Sprung aus dem Süden der Sowjetunion hinauf nach Bratsk in Sibirien, Irkutsk, zum Baikalsee, in die Taiga.

Mal sollte das Flugzeug, mal der Reisebus, dann wieder die Eisenbahn unser Transportmittel sein. Von Bratsk nach Irkutsk war aus nicht näher erläutertem Grund in den Reiseunterlagen von einem »kleineren Fluggerät« die Rede. Und von Irkutsk aus sollte uns die Transsibirische Eisenbahn die über 5000 km aus dem Osten zurück nach Moskau bringen.

In einer der Nächte kurz vor Antritt der Reise hatte ich einen intensiven Traum, so lebendig und klar wie die Wirklichkeit. Selbst bei Tage verblassten die Bilder nicht:

ich stand mitten auf einer unendlich ausgedehnten einsamen Grasfläche, flach und eben, so weit mein Auge reichte, in der Ferne eine gleichmäßig hohe Hügelkette, auf der ich ganz hinten direkt am Abhang zwei Bäume dicht nebeneinander erkannte, sonst nichts. Und es war mir im Traum klar bewusst, dass ich irgendwo in Russland war.

Dieses Bild, verbunden mit einem tiefen Gefühl von Ratlosigkeit, ja und Staunen, das verließ mich auch an den Tagen im Wachzustand nicht mehr.

Es beunruhigte mich, beschäftigte mich, sodass ich eines Nachmittags den Atlas mit der großen Karte der UdSSR auf meinem Schreibtisch aufschlug, ein Pendel nahm, die Augen schloss und das Pendel über die Karte hielt. Eigentlich halte ich von diesen esoterischen Dingen nicht viel. Ich weiß genau, dass ich nicht einmal eine bestimmte Frage in mir hatte, es war einfach ein diffuses Gefühl, das mich dies tun ließ. Das Pendel begann zu kreisen.

Plötzlich spürte ich immer deutlicher werdende Schwingungen und sah zu meiner Verwunderung, dass das Pendel stark und stärker weiter südlich der Transsib-Strecke kreiste, genauer gesagt mitten über Kasachstan, das aber überhaupt nicht auf unserer Reiseroute lag.

Seltsam! Sehr seltsam. Ich starrte auf das beige eingefärbte Gebiet und suchte nach einer Erklärung, doch dann schimpfte ich mich eine dumme Pute und rief mich energisch zur Vernunft. Hokuspokus! Spielerei! Ich beschloss, dem keine Bedeutung beizumessen, keinerlei Furcht zuzulassen, mich in nichts hineinzusteigern und wurde doch das heimliche Unbehagen trotz meiner Vorfreude nicht mehr los. Was würde mir wohl alles begegnen auf dieser weiten Reise?

Die Reise

Es ist Zeit.
Tiflis, Baku, Samarkand,
Buchara, Taschkent,
Namen aus 1001 Nacht –
Städte aus den Märchen –
ist es das, was mich anzieht?

Steppe, Taiga, Sibirien.
Ist es die Weite,
in der das Auge sich verliert
in dem Land ohne Grenzen?

Ich will mich mitnehmen,
wohin ich auch komme,
will finden, ohne zu suchen,
ohne zu fragen, was sein wird.

Die Sure

oder »Darf ich Ihnen behilflich sein?«

Bei strömendem Regen in milder Witterung haben wir den Stadt-Moloch Moskau in Richtung Inlandsflugplatz verlassen.

Als »West-Touristen« hat man uns in einem gehobenen Wartesaal wohl verwahrt und dann bevorzugt auf das Rollfeld gelassen.

Der erste von insgesamt elf Inlandsflügen steht uns auf unserer Rundreise durch die UdSSR jetzt im Juli 1989 bevor. Ich nehme im Augenblick diese bevorzugte Behandlung jedoch kaum wahr, empfange sie eher selbstverständlich – wohltuend.

Wir sind ja auch etwas Besonderes: West-Touristen. Und als solche geht es nun auf Hostessen-, Stewardessen-, und Dolmetschergeheiß vor allen anderen zügig durch die Passkontrolle. Unser Ziel ist Tiflis/Tblissi, die Hauptstadt von Georgien.

Im Gegensatz zu denen der »Einheimischen« sind unsere Plätze nummeriert und festgelegt.

Wir sitzen.

Ute nimmt den Fensterplatz, ich den daneben … Der Platz am Gang neben mir bleibt frei.

Diese Maschine ist längst nicht mehr so gepflegt und luxuriös wie die Aeroflot-Maschine, die uns vor zwei Tagen von Düsseldorf nach Moskau gebracht hat: die Sitze sind zerfleddert, Kopfstützen fehlen, in der Innenverkleidung über mir ist ein Loch. Dies hier ist kein Luxustransportmittel, sondern ganz deutlich ein Gebrauchsfahrzeug wie der abgenutzte Schulbus in Deutschland, der längst nicht mehr als nötig gewartet wird.

Und dann kommen sie: mit Kisten und Kästen, mit Kartons und Tüten, Taschen und Kindern, die »Einheimischen« verlassen die Zentrale, in der sie eingekauft haben, sich eindeckten mit Waren aller Art.

Ein fremder Geruch strömt mit ihnen herein. Dunkle, stark behaarte Männer mit wilden Bärten, pomadiert, im westlichen Anzug, mit schwarzen blank geputzten Schuhen, laut palavernd mit Vorder-, Hinter- oder Nebenmann. Die Kartons werden verstaut: über, unter, neben den Sitzen.

Standen da bereits Füße? – »Oh!«, … ein Wortschwall, breites entschuldigendes Grinsen, der Karton wird etwas verschoben. Jetzt muss ich sehen, wohin mit meinen Füßen. Es geht, ich setze mich leicht schräg, denn der Sitz am Gang ist ja noch frei. – »Hoffentlich bleibt das so!«, raune ich Ute zu. »Diesen Typen möchte ich zu Hause nicht im Dunkeln begegnen.« – »Vielleicht kommt ja noch eine Mutter mit Kind«, tröstet sie mich.

Die Maschine füllt sich weiter, sie vibriert bereits, die Düsen sind aktiviert, und immer noch strömen Menschen herein. Ich versuche gegen die schlechter werdende Luft anzugehen, indem ich an der Lüftung über mir drehe.

Nichts tut sich.

»Was meinst du«, flüstert Ute, »ob wir nicht schon überladen sind?« – Auch mir wird unbehaglich zumute. Noch nie vorher habe ich ein Flugzeug so vollgestopft erlebt.

Schräg vor mir findet eine tief verschleierte Frau Platz. Sie huscht auf den noch freien Gangplatz und schaut verstohlen um sich, als wolle sie sich für ihre Anwesenheit entschuldigen. Schwarz – von Kopf bis Fuß – gekleidet ist sie, das Tuch tief in die Stirn gezogen. Ihr Alter? Schwer zu schätzen – 50? 60? Oder vielleicht erst 40 Jahre? – »Wahrscheinlich vertun wir uns gewaltig.« – » Ob sie aus Georgien stammt? Nun – eine »schöne« Georgierin ist das jedenfalls nicht!« – »Dabei sollen die Frauen dieses Landes angeblich besonders schön und stolz sein!« – »Hoffentlich geht es bald los, damit endlich Sauerstoff eingeleitet wird. Außerdem bin ich gespannt, ob wir etwas vom Kaukasus unter uns erkennen können.«

Ute stößt mich an. Und da sitzt er auch schon neben mir, genau der Mann, den ich bestimmt nicht so nah auf Tuchfühlung neben mir haben wollte: gewaltiger schwarzer Schnurrbart, geölte Haare, Nadelstreifenanzug und Düfte ausströmend, als habe er in Moschus gebadet. Ich rücke ab, soweit es mir möglich ist.

Die beiden Reisegefährtinnen hinter uns kichern: »Na, da hast du ja einen eindrucksvollen Nebenmann!« – Ute ist froh über ihren Fensterplatz.

Und endlich strömt Sauerstoff ein, ich atme tief durch. Anschwellendes Zittern zieht durch die Maschine, das Gedröhne (wie ich es hasse) steigert sich. Am liebsten hielte ich mir die Ohren zu.

»Du musst dich anschnallen!« Ute macht mich auf die Leuchtschrift aufmerksam. Sie kann die kyrillischen Schriftzeichen zwar nicht lesen, aber es stimmt, so weit reichen meine Kenntnisse. Mein viermonatiger Russisch-

Kompakt-Kurs hatte mir zumindest Lesekenntnisse gebracht.

»Habt ihr auch solchen Hunger?« – von hinten werden uns Kekse gereicht.

Wir haben. Und das ist kein Wunder, denn wir hatten das Abendessen im Moskauer Hotel »Cosmos« aus eigener Schuld versäumt. – »Jedenfalls bin ich sicher, dass unser Metro-Abenteuer uns mehr gebracht hat als die Besichtigungstour von Intourist«, gebe ich nach hinten. Wir kichern. Meine Lesefähigkeit war zwar hilfreich gewesen beim Umsteigen von einer Metro-Linie in die nächste, aber unterirdische Entfernungen abzuschätzen oder die Fahrtdauer einzukalkulieren bei unserer Tour in der Moskauer Unterwelt, das hatten wir selbst mit vereinten Kräften nur ganz knapp geschafft. Wir waren buchstäblich in letzter Minute am Hotel Cosmos eingetroffen. Daher war für uns das Abendessen ausgefallen.

Wir beginnen zu rollen. Die Geschwindigkeit wächst, Wasserfahnen rasen am Fenster vorüber. Ich starre verbissen an Ute vorbei hinaus. Nur nicht in Richtung Gang schauen!

Heftige Stöße erschüttern die Maschine. »Diese Rollbahn ist aber schon lange nicht mehr repariert worden, zumindest seit dem letzten Winter nicht mehr«, frotzele ich. Ute stößt mich an: »Du, ich glaube, dein Nebenmann hat auch nicht viel

Vertrauen in die technische Verlässlichkeit. Der wird die Maschinen, die hier im Inland eingesetzt werden, wohl einzuschätzen wissen.«

Auch Dagi, eine mitreisende Lehrerin, mit der wir uns ein wenig angefreundet haben, in der Reihe hinter mir ist aufmerksam geworden und beugt sich zu mir vor: »Hoffentlich ist das kein schlechtes Omen!«

Ich wage einen Seitenblick. Mein Nachbar hält ein kleines Buch in beiden Händen, dicht mit Buchstaben beschrieben, die mir völlig fremd sind.

»Was liest der denn da?«, fragt Ute.

Wir liegen jetzt schräg in der Luft, verbissen kaue ich auf meinem Kaugummi herum. Die Maschine sackt durch, ich schnappe nach Luft, Ute klammert sich an den Armlehnen fest. Der Mann neben mir beugt sich mit dem Oberkörper vor und zurück, vor und zurück. Seine Lippen murmeln leise etwas. »Ich glaube, das ist der Koran, den er betet. – Vielleicht die Sure für den guten Start?« – »Die wird Mohammed sicher nach seinem Flug in den Himmel geschrieben haben, als er wusste, wovon er sprach«, frotzeln wir.

Ganz langsam schiebt sich unsere Maschine in die Horizontale. Er neben mir betet immer noch. Das Gedröhne der Düsen weicht einem gleichmäßigen Dauerton. »Bis jetzt hat sein Beten ja Erfolg gehabt. Hoffentlich hält es vor – bis Tiflis.« – »Nun, für die drei Stunden soll es wohl reichen!«

Die Dauerleuchtschrift verschwindet, Anschnallgurte klicken. Meine Nachbarin Ute befreit sich erleichtert, räkelt sich, dehnt sich.

»Verflixt!« Meine Schnalle klemmt. Ich rüttle, rucke – vergeblich. Nichts tut sich. Ich versuche mit Verstand an die Tücken der Technik zu gehen, bekanntlich liegt in der Ruhe ja die Kraft, kein Erfolg.

»Darf ich Ihnen behilflich sein?«, höre ich eine dunkle

Stimme neben mir. Schon greift ein Männerarm herüber, zwei, drei Handgriffe. Ich bin befreit.

»Danke«, erst jetzt fällt mir auf, dass mein Nachbar deutsch mit mir gesprochen hat.

»Darf ich mich vorstellen, mein Name ist Ertugul Celik«, fließende akzentfreie Worte kommen unter dem wüsten schwarzen Bart hervor. Mir sackt das Blut weg. Zeit zum Schämen lässt mir mein Nachbar jedoch nicht. Er stellt mir sogleich seine Familie vor:

»Schwestermann« und Ehefrau. Die tief verschleierte Frau in Schwarz, schräg gegenüber am Gang. Ich überspiele meine Verlegenheit (mein Gott, wer so gut deutsch spricht, der hat auch unser Gespräch zuvor genau verstanden!!!), indem ich ihn ausfrage über seine so hervorragenden Deutschkenntnisse.

Neben mir sitzt ein türkischer Gastarbeiter aus Aachen, der via UdSSR in seine Heimat nahe der georgischen Grenze reist, um dort den 90. Geburtstag seines Großvaters zu feiern. Er holt aus der Brieftasche einen zerknitterten Bogen Papier, dem man das häufige Auseinanderund Zusammenfalten ansieht, und erklärt mir bereitwillig und mit viel Stolz in der Stimme den Stammbaum seiner weitläufigen verzweigten, teils im georgischen, teils armenischen, teils türkischen Grenzgebiet wohnenden Familie: Der »Schwestermann«, jetzt angesprochen in einer mir gänzlich unverständlichen Sprache, lächelt freundlich zu mir herüber.

»Er ist uns extra von Tiflis nach Moskau entgegengeflogen, um uns auf der Weiterreise über die georgischtürkische Grenze bis zu unserem Dorf behilflich sein zu können. Unsere Kinder sind in Deutschland geblieben. Wir waren seit 16 Jahren nicht mehr daheim«, und seine schwarzen Augen strahlen bei diesen Worten.

Anna

oder »Gorbatschow ist unsere einzige Hoffnung«

»Guten Morgen, liebe Gäste aus Deutschland. Ich darf Sie im Namen von ‚Intourist' als Ihre Dolmetscherin in meinem schönen Heimatland begrüßen. Mein Name ist Anna, und nun: Herzlich willkommen in Georgien!«

Sie spricht durchs Mikrofon vorn im klimatisierten Reisebus und teilt uns mit, dass sie uns hier in Tiflis (Tblissi) auch noch den nächsten Tag begleiten werde. Ihre deutsche Aussprache ist perfekt, nahezu akzentfrei, und wie wir später feststellten: Sie ist eine gebildete, in unserer deutschen Literatur und Kultur bestens bewanderte Frau. Ihre Kenntnisse und ihr Wissen sind vielen unserer Reisegefährten weit überlegen.

Sie dolmetscht nicht nur, sie hat unsere Sprache studiert. Doch welchem Beruf sie nachgeht, was sie tut, wenn sie nicht für »Intourist« eingesetzt ist, das haben wir nicht erfahren. Das Umfeld eines Menschen, sein Privatleben, ja sogar der vollständige Name bleibt uns Touristen verborgen. Das ist wohl ein Gebot für die Dolmetscher und Stadtführer der UdSSR des Jahres 1989.

Ich höre zu und versuche sie auf mich wirken zu lassen, diese einzige Georgierin, mit der ich in Kontakt komme. Nein, eine Schönheit ist sie nicht. Sie entspricht in keiner Weise dem Klischee der Reiseprospekte: groß gewachsen, mit »klassisch-ebenen« Gesichtszügen, »märchenhaft ebenholzfarbenem Haar«, so sei die Georgierin. – Anna ist mittelgroß, eher zart gebaut; auffallend der kleine vorgewölbte Bauch (ist sie schwanger?), kinnlang die glatten, dunkelbraunen Haare mit rötlichem Glanz, sobald sie in der Sonne steht. Ein blasses, ernstes Gesicht, das bei allem Engagement seine Strenge nie verliert. Ein vom Leben geprägtes Gesicht mit sanften schwarzen Augen. Dichte Wimpern verbergen den melancholischen Blick.

Begeistert zeigt uns Anna ihre Heimatstadt Tiflis, eine der schönsten Städte der Sowjetunion mit dem Rustaweliprospekt, der Hauptstraße und den zahlreichen christlichen Kirchen aus dem 7. oder 11. Jahrhundert, lässt uns teilhaben an der hoch entwickelten Kultur ihres Landes, stellt uns seine Dichter und Denker vor, bringt uns die Toleranz und Weltoffenheit ihres Volkes nahe.

Niemals in seiner Geschichte sei, so erklärt sie, ein Krieg von georgischem Boden ausgegangen. Verfolgte Minderheiten haben unter georgischen Herrschern stets Schutz gewährt bekommen. Und selbst – wie oft ist dieses Volk erobert, geknechtet, ausgebeutet und ausgeblutet worden.

Gerade erst am 9. April diesen Jahres haben sowjetische Soldaten unter der studentischen Jugend ein grässliches Massaker angerichtet. Junge Demonstranten waren brutal mit Spaten erschlagen worden. Gefangene waren mit Nervengiften unbekannter Herkunft zu körperlichen und seelischen Krüppeln gespritzt worden.

Sie hatten sich für Freiheit und Unabhängigkeit in friedlichen Protesten eingesetzt.

Erst der amerikanische Geheimdienst habe herausbekommen, so ihr Bericht, um welches Gift es sich da gehandelt habe. Viele Wochen nach dieser Tat habe man erst Gegenmittel zur medizinischen Behandlung herbeischaffen können.

Ihre Augen glühen, wenn sie vom Leiden ihres Volkes spricht: »Sagen Sie in Deutschland die Wahrheit! Im Westen berichtete die Presse, die georgischen Studenten hätten gewaltsam »die sowjetischen Besatzer«, so ihre Worte, attackiert. Das sei nichts als Propaganda. »Sagen Sie zu Hause die Wahrheit. Bitte!«

Diese offene, ungeschminkte Sprache von einer offiziellen Intourist-Dolmetscherin! Ich traue meinen Ohren nicht, doch ich begreife: Hier bin ich in Georgien. Und die Sowjetunion, dies einheitliche Staatsgebilde, die östliche Macht, so wie wir sie von außen verstehen, wird von den Menschen hier so nicht erlebt.

Anna spricht offen von »Besatzungsmacht«, »Besatzern«, den »Sowjets«, nein, sie ist doch keine »Sowjetin«, Empörung im Blick. Sie ist Georgierin. »Wissen Sie, wir sind erobert. Mit Gewalt der Union einverleibt. Nichts haben wir mit den Russen gemein: nicht Schrift, nicht Sprache, nicht Kultur, Literatur, Musik und Kunst, in allem unterscheiden wir uns. Wir haben unseren georgischen Patriarchen und unsere georgische Kirche, keine russisch-orthodoxe Religion!«

Und anschaulich schildert sie die Humanität und Weisheit »ihres« Patriarchen, als wir vor seinem rosenüberwucherten Garten stehen. »Da, das zweite Fenster von links ist sein Arbeitszimmer, in das sich der 52-jährige Patriarch zurückzieht, wenn er wichtige Entscheidungen treffen muss.«

Sie führt uns vor die Kathedrale, in der »erst seit Gorbatschow«, wie sie es formuliert, wieder Gottesdienste abgehalten werden dürfen, – 1500 Jahre alt ist diese Kirche.

»Sie müssen wissen, unser Patriarch hat im vorigen Jahr einen bekannten georgischen Atheisten heilig gesprochen.« – Ungläubiges Staunen unter den christlichen West-Touristen.

»Dieser Mann hat sich mit all seiner Kraft eingesetzt für die Verbesserung der wirtschaftlichen Lage des Volkes; vor allem aber engagierte er sich, um Ungerechtigkeiten und Ungleichbehandlungen unseres Volkes im Gegensatz zu den anderen Volksgruppen, besonders der russischen, zu beseitigen. Er hat, obwohl selbst Kommunist, darin viel erreicht.

Und diesen Mann hat einige Jahre nach seinem Tod unser Patriarch Katholikos Ilia II. heilig gesprochen.« – »Sicherlich hat sich dieser Mann doch auch für die Religionsfreiheit hier im Land eingesetzt«, vermuten wir. Doch: »Nein, darum ging es gar nicht«, sagt sie. »Wichtiger als die Ausübung der Religion ist doch, dass die Menschen menschenwürdig leben können. Und das geht nur in wirtschaftlich einigermaßen gesicherten Verhältnissen, in Freiheit und in der Anerkennung ihrer Würde und Eigenart. Die Religion, wissen Sie, die kommt erst in zweiter Linie. – Sehen Sie, so ist die Einstellung unseres Katholikos.« – Wir schweigen. Dem ist nichts mehr hinzuzufügen.

Und dann stehen wir oben auf dem Hügel vor der alten Dschwari-Kirche im Kaukasus und schauen ins Land:

vor uns der Zusammenfluss von Aragwi und Kura, dahinter die alte Hauptstadt Mzcheta, die heute noch die Residenz des georgischen Patriarchen ist.

Mühelos lässt Anna die Jahrhunderte georgischer Geschichte an uns vorüberziehen, und immer absolut offen. Auch der Georgier Dschugaschwili ist für sie kein Tabuthema. Sie gesteht ein:

»Er war geliebt vom Volk; abgöttisch verehrten ihn die einfachen Menschen. Seine gnadenlosen Gräueltaten, von denen auch georgische Familien betroffen waren, sie wurden hingenommen, denn als Person hatte er eine außergewöhnliche Ausstrahlung. In Tiflis hatte er Theologie studiert und wusste, wie man die Seele des einfachen Menschen ansprechen muss, damit sie zu klingen beginnt, bevor er vom Studium ausgeschlossen wurde und von den Professoren der Universität verwiesen wurde wegen seiner radikalen revolutionären Einstellungen und Machenschaften. Dies«, so erklärt sie uns, »hat er der ‚Intelligentia‘ niemals vergessen. Sein Hass überschüttete später, als er an der Macht war, generalisierend alle geistig Schaffenden.«

Wieder ein Diktator, der seinen persönlichen Hass ein Leben lang auf dem Rücken anderer ausgelebt hat, geht es mir durch den Kopf.

»Das Volk, ja das hat ihn geliebt. Viele Menschen waren vor Trauer krank, als er starb, das ‚Väterchen Stalin‘. Das Wichtigste aber ist, dass man auch schreckliche Geschichte nicht totschweigt. Man muss davon sprechen, alles muss auf den Tisch, wie man bei euch sagt. Nur unter dem Licht der Sonne kann sich Erkenntnis vollziehen. Geschehenes zu verschweigen, bringt nur neues Leid hervor. Nur die Wahrheit macht uns frei.«

Bald sind wir bei der aktuellen Situation. »Wie seht ihr Gorbatschow? – Wie denkt man hier in Georgien über den Mann im fernen Moskau?« – Lange schaut sie ins Tal. Die Berge hinter den Ufern der Kura verschwimmen im spätnachmittäglichen Dunst. Aus dem Tal dringt Zivilisationslärm herauf: Motorengeräusche, Baggerquietschen.

»Nun, er ist nicht sehr angesehen«, sie spricht langsam, bedächtig, sucht nach der angemessenen Bewertung. »Es geht den Menschen immer schlechter. Überall Unruhen im Riesenreich. So viele verschiedene Völker, die nur durch Gewalt und Druck zusammengehalten werden. – Was er tut, das ist richtig. Doch die <u>Sowjetunion</u>, das ist ein hochexplosiver Dampfkessel. Und Gorbatschow hebt den Deckel an. Es kann schnell geschehen, dass der freigesetzte heiße Dampf auch ihn vernichtet. Seine Feinde sind zahlreich und wissen, wo sie ansetzen müssen, um die Ideen von ‚Glasnost‘ und ‚Perestroika‘ auszuhebeln. – Das Volk braucht erst Brot und dann Freiheit.«

Anna dreht sich um, schaut mir offen ins Gesicht. Unsere Augen begegnen sich. »Dennoch, wissen Sie, Gorbatschow ist unsere einzige Hoffnung.«

Lächeln, nein, lächeln habe ich Anna nie gesehen.

Der Samowar

oder »Armenier sind nur auf ihren Vorteil bedacht!«

Als wir nach dem üppigen armenischen Abendessen die Treppe unseres Hotels herabkommen, dringt uns durch die weitläufige dämmrige Hotelhalle Stimmengewirr entgegen.

Mehrere Personen haben sich in einer der großzügigen Sitzgarnituren um einen offenbar wortführenden Mann geschart. Wir sind eigentlich auf dem Weg in die »Devisen-Bar«, doch im Vorübergehen hören wir deutsche Laute, genauer: österreichischen Dialekt. Die an mein Ohr dringenden Wortfetzen verleiten mich zum Zuhören. »Setz dich doch, das hier ist hochinteressant«, lädt mich einer aus unserer Reisegruppe ein. »Der Herr hier arbeitet im Auftrag des Österreichischen Roten Kreuzes als Bauleiter im Erdbebengebiet von Leninakaan. Da, wo letztens das schwere Erdbeben war. Hochinteressant, was der zu berichten weiß!« –

Ich ziehe mir einen Sessel heran.

Der blonde Lockenkopf genießt, lässig ausgestreckt, seine Rolle im Mittelpunkt der Gruppe.

Ja, Bauleiter ist er, hat ein Container-Dorf erstellt für die Erdbeben-Opfer. Sein neuer Auftrag ist es, aus Fertigteilen ein Krankenhaus für die Erdbeben-Verletzten zu bauen. Drei Jahre ist er schon hier in Armenien. Aber es sei die Hölle, denn »die Armenier sind die reinsten Kanaken. Die sind nur faul und auf ihren Vorteil bedacht«. Empörtes Gemurmel in der Zuhörerschar. Eine Frau aus unserer Reisegruppe springt auf und verlässt die Runde.

Er spürt wohl, dass seine Äußerung sehr hart war und erläutert: »Nun, Sie müssen wissen, was man vorne aufbaut, verschwindet noch in derselben Nacht wieder. Wir stellen den Armeniern die Behelfshäuser hin, wenn wir überhaupt so weit kommen, denn meist sind über Nacht schon die Zusatzteile verschwunden! – Vor ein paar Monaten forderten wir einige armenische Männer – kräftige Kerle – auf, beim Errichten ihrer Häuser mitzuhelfen. ‚Morgen kommen wir!‘, sagten sie fest zu. Wer war am anderen Tag da? – Niemand. Am Spätnachmittag traf ich einen. Hab ihn angespitzt: ‚Glaubst du, wir machen für euch die Schufterei?‘ – ‚Heute keine Zeit. Morgen. Morgen kommt Hilfe!‘« –

Die vorhin so schnell verschwundene Reisegefährtin drängt sich in die Runde. Sie legt dem österreichischen Rotkreuz-Bauleiter einen deutschen »Stern« vor, aufgeschlagen der »Armenien-Erdbeben-Opfer-Report«.

»Hier ist die Rede von hungernden, frierenden Opfern, von Angst vor dem nächsten kalten Winter!« Gespannt warten wir auf seine Reaktion, während er den Bericht mit dem Spendenaufruf überfliegt.

»Das ist ja ein Witz«, er lacht laut auf, »ich bin schon zwei Winter hier im Land. Hier friert oder erfriert keiner. Wer kein Dach über dem Kopf hat, der verschwindet. Die meisten haben Verwandte irgendwo, am Schwarzen Meer vielleicht oder in anderen sicheren Gegenden.

Die rücken zusammen. Und im Frühjahr, da sind sie alle plötzlich wieder da und schauen zu, ob wir auch gut für sie arbeiten.« – Irgendetwas stimmt nicht an dieser Erzählung, geht es mir durch den Kopf. – Seine Aussagen? – Schon der deutliche Frust des Mannes wirkt glaubwürdig. – Der »Stern«-Report? Klang fundiert. Wie passt das zusammen?

Er nimmt einen Schluck des wirklich guten armenischen Weißweins und redet schon weiter.

»Da stehen wir Europäer und schuften uns ab, sammeln für die Leute hier riesige Summen, und die schlagen nebenan eine Festtafel auf. Da erscheint dann die ganze Großfamilie, jeder hat was mitgebracht: Gemüse, Obst, Brot, Wein, Lammfleisch usw. Und dann sitzen sie da und palavern.« Erbitterung in seiner Stimme. »Wenn die Bargeld in die Hand bekommen, diese ‚Erdbebenopfer‘, dann hauen sie es auf den Kopf für ein Familien- und Nachbarschaftsfest.« »Und woher haben sie die Nahrungsmittel?«, will jemand wissen. »Na, die Frauen holen, was sie brauchen aus ihren Gärten, da wächst doch alles, was das Herz begehrt.« – »Und wer bearbeitet diese Gärten?« – »Auch die Frauen. Das sind regelrechte Arbeitstiere. Die rackern sich ab und bringen die Familien durch.«

Er läuft jetzt zur Hochform auf: »Letztens, wir bauten gerade an einem Waisenhaus, mussten Eisenträger auf der Baustelle in den ersten Stock gebracht werden. Einige Männer standen herum, die habe ich angesprochen. Mit 'nem Kran kam man da nämlich nicht ran.« – ‚Morgen. Morgen kommen wir und bringen ein paar Freunde mit‘, war deren Zusage. Was glauben Sie? Am anderen Morgen war kein Einziger von denen zu sehen, wir hatten uns das schon gedacht. Aber – sechs Frauen standen da. Über unseren Dolmetscher erfuhren wir, dass sie von ihren Männern geschickt waren, die Eisenträger da hinaufzubringen. Ich wollte mich darauf natürlich nicht einlassen. Frauen für so eine Arbeit! Aber – sie gingen nicht. Sie besprachen sich, dann packten sie an. Nach drei Stunden waren alle Eisenträger da, wo sie sein sollten«, betonte er, »und das von den Frauen! Das Härteste aber kommt jetzt: Das Waisenhaus, das wir gebaut haben, das ist völlig für die Katz!« Verständnislosigkeit bei uns Zuhörern. »Es heißt doch in den Zeitungen immer wieder, dass viele Kinder bei dem schweren Erdbeben ihre Eltern verloren haben?« – »Ja. Das stimmt. Da waren anfangs auch fast hundert Kinder aufgenommen. Aber schon nach einigen Tagen waren die wieder weg. Einige wurden aufgegriffen und zurückgebracht. Doch die waren auch bald wieder verschwunden.«

Wir verstehen im Moment nichts mehr. Ob die alle weggelaufen seien, wird er gefragt. »Nein, nein. Da kommen die Verwandten, auch wenn sie noch so weitläufig verwandt sind, und holen die Kinder da heraus. Da ist nichts zu machen. Selbst wenn sie eigene fünf oder sechs Bälger haben und vielleicht nur eine Behausung von 40 Quadratmetern, die holen die Kinder aus dem Heim. Dabei haben die es doch bei uns viel besser: für je zwei bis drei Kinder ein eigenes Zimmer, geschultes Personal, gute Verpflegung. Bezahlen ja alles die Hilfsorganisationen aus dem Westen. Aber so ist es eben: Die Armenier sind zu faul und nur auf ihren eigenen Vorteil bedacht!«, schließt er seine Ausführungen.

Dem folgt nun eine erregte Diskussion. Mir reicht es. Ich habe genug gehört und muss das alles erst einmal verarbeiten. Reichlich verwirrt fahre ich mit dem Fahrstuhl in den 12. Stock hinauf.

Hier treffe ich auf Alfred, unseren »Kriegsveteranen«, wie wir ihn liebevoll nennen. Aus der Zeit seiner Kriegsgefangenschaft nach dem Zweiten Weltkrieg spricht er leidlich russisch und seine beeindruckende Motivation für diese Reise ist nach seinen eigenen Worten, »nach all den schrecklichen Erlebnissen, dieses Land auch einmal in Friedenszeiten zu erfahren«. Ich finde ihn im Gespräch mit unserer armenischen Etagenfrau, die selbstverständlich im Dienst russisch spricht. »Etagenfrau«, das ist in sowjetischen Intourist-Hotels so eine typische Stelle. Sie gibt die Zimmerschlüssel aus, nimmt sie wieder in Empfang und ist, sofern der Gast russisch spricht, auch für Reklamationen zuständig.

Ich muss noch auf meinen Schlüssel warten, denn die beiden unterhalten sich angeregt. Mein umherschweifender Blick fällt auf einen großen silberfarbenen Behälter mit hübschen eingravierten Verzierungen. Ein Samowar? »Ja«, bestätigt Alfred, das sei ein Samowar. Er fragt die alte Frau, ob er denn auch funktioniere.

»Da. Da.« Sie nickt eifrig und will zum Beweis gleich Tee abfüllen. Doch jetzt, eine Viertelstunde vor Mitternacht, will ich keinen starken schwarzen Tee mehr trinken. Am nächsten Morgen heißt es um 7.00 Uhr aufstehen, denn ab 8.00 Uhr beginnt unser Erewan-Besichtigungsprogramm.

»Eigentlich bin ich ohnehin Kaffeetrinkerin«, raune ich Alfred zu. »Aber ein Morgentee stattdessen, am besten noch vor dem Aufstehen, das wäre nicht schlecht.«

Alfred erkundigt sich, ab wann es denn morgens den Tee gäbe. Zu meinem Bedauern erfahren wir, dass ihr Dienst um 8 Uhr in der Frühe beginnt, und ab da gibt es den Tee.

»Schade.« – Doch zu dem Zeitpunkt startet schon unsere Stadtrundfahrt durch Erewan ...

Alfred und ich lachen uns zu. Alles Gute ist eben nie beisammen. Ich verabschiede mich von den beiden und falle todmüde ins Bett.

Am Morgen noch in Georgien, dann die Busfahrt durch den Transkaukasus über einen von Dauerregen zur Schlammpiste umgewandelten Pass, in dem unser Bus Stunde um Stunde festgefahren war. Und der ohne Technisches Hilfswerk, ohne ADAC dann doch irgendwie aus eigener Kraft und mit viel Geduld vom armenischen Busfahrer herausmanövriert worden war, vorbei am Sewansee, am Abend die phantastische armenische Küche, das Gespräch in der Hotelhalle. Die Eindrücke verschwimmen, die Bilder gehen ineinander über.

Heftiges Klopfen an der Zimmertür! Zweimal – dreimal.

Ich schrecke auf. Heller Tag. Ein Blick auf die Uhr: 6.50 Uhr. Mein Gott, wer klopft denn so früh? – Ute aus dem Nachbarbett blinzelt herüber. »Was war das gerade?« –

Und wieder pocht es zweimal an unsere Zimmertür. Mit Herzklopfen tappe ich schlaftrunken los und öffne.

»Gutten Morgen! – Ich wissen: Du, Frau, Tee brauchen aufzuwachen. Hier ist!«

Ein Glas mit dampfendem schwarzem Tee wird auf den
Nachttisch gestellt –

Sie lächelt mir zu, ohne Dank, Trinkgeld oder Geschenk abzuwarten, und ist aus dem Raum verschwunden, die alte armenische Etagenfrau.

Flughafen Jerewan

oder »Nebel über Baku«

Wir stehen in der kleinen überfüllten Halle des Flughafens von Jerewan.

Die meisten der wenigen Warteplätze sind bereits besetzt. Koffer, Taschen, Gepäckstücke aller Art stapeln sich an den Wänden, neben den Sitzen, mitten im Raum.

»Zusammenbleiben! Zusammenbleiben!«, werden wir aufgefordert. – »Das Gepäck möglichst bitte auf kleinstem Raum zusammenstellen, dann geht auch nichts verloren!« Jelena, unsere russische Reisebegleiterin, ermahnt und scheucht uns wie der Hütehund seine Herde. »Nein, so geht das nicht! Der braune Koffer da steht zu weit außerhalb, der muss mehr nach rechts!«

Der betroffene Besitzer gehorcht. Sie hat ja Recht. Türen öffnen sich vom Rollfeld her, Menschenmassen quellen herein. Französische Laute, breites Amerikanisch, japanischer Singsang und kehliges Russisch vermischen sich zu einem unvorstellbaren Lautechaos.

»Mein Gott! Sämtliche Gerüche Arabiens haben die mitgebracht«, mein Nachbar lächelt erschöpft und wischt sich die Schweißperlen von der Stirn. Es ist heiß. Unerträglich heiß hier drinnen. Durch die großen Fensterscheiben sehe ich draußen auf dem Rollfeld die Hitze flimmern. Nur gut, dass wir in 30 Minuten starten.

Jelena, unsere offizielle russische Intouristführerin, die uns während der gesamten Reise begleitet, kommt und reißt mich aus meinen Gedanken.

»Wir müssen noch etwas Geduld haben. Unsere Maschine aus Baku ist noch nicht gelandet.« – Unruhe entsteht, Fragen und dann Vorwürfe prasseln auf sie hernieder: » Ja muss unsere Maschine denn erst aus Baku kommen?« –»Ich dachte, wir sollten um 10.30 Uhr starten. – Das ist doch keine Organisation!« Jemand rechnet geschwind aus: »Wenn die Maschine erst noch hierher fliegen und dann noch gewartet werden muss, bis sie wieder losfliegen kann, das dauert doch mindestens 4 Stunden!« Ironischer Zwischenruf: »Vielleicht sparen die sich hier ja die Wartung!« – »Wie lange sollen wir es in der Hitze und der stickigen Luft denn aushalten?« Immer heftigerer Unmut ergießt sich über sie, die ja auch nichts ändern kann.

Unsere vorgesehene Startzeit ist nun vorüber, Jelena verschwindet in einem Büroraum und ist nicht mehr zu sehen. Ich schaue mich um, mein Blick fällt auf ein riesiges Kachelbild an der Stirnwand: eine weite Landschaft, begrenzt von einer Hügelkette mit Bäumen, es fasziniert mich, denn es erinnert mich an meinen Traum vor Reiseantritt, aber nein, das Rundherum fehlt, es ist nur ein ziemlich kitschiges Kachelmosaik.

Entschlossen verlasse ich das Flughafengebäude durch den Haupteingang, der nach Norden hinaus liegt. Hier ist Schatten. Einige Reisegefährten schließen sich mir an. Luft! Jemand steckt sich eine Zigarette an. In sowjetischen Flughafengebäuden und Flugzeugen darf nämlich nicht geraucht werden.

Das oberste Podest der Treppe füllt sich. Wir sind nicht die einzigen Betroffenen. Überall sieht man gestikulierende und palavernde Menschen. Mein Rücken macht sich schmerzhaft bemerkbar, so lange Zeit stehen, das bekommt mir nicht.

Niemand weiß, wie lange das noch dauern wird. Also: Staub hin, Dreck her – ich setze mich auf die oberste Treppenstufe. So geht es mir gleich viel besser. Rechts und links bekomme ich Gesellschaft. Wir müssen nur aufpassen, dass wir nicht den Ein- und Ausgang blockieren.

Im Augenblick ist es ruhig auf dem Vorplatz, ein paar Taxen treffen ein, einzelne Reisende steigen aus, ein Intourist-Reisebus vorn am Rasenrondell stößt ununterbrochen stinkende Auspuffgase aus. Der Gestank zieht bis zu uns herüber. Der könnte den Motor doch endlich mal abstellen! Er könnte, tut es aber nicht, vermutlich der Klimaanlage wegen nicht.

Peter, unser deutscher Reiseleiter, kommt zu uns heraus. Hoffnungsfrohe Gesichter wenden sich ihm zu. Er winkt ab. »Die Maschine ist in Baku noch nicht einmal gestartet.« Und: »Fragt mich nicht. Ich weiß nicht, was da los ist. Jedenfalls – das kann noch dauern!«

Ich rechne nach: Es ist inzwischen 12 Uhr. Für den Flug braucht die Maschine etwa zwei Stunden, dazu Entladen, Warten usw., vor 15 Uhr frühestens wird aus unserem Weiterflug vermutlich nichts!

Auf der Zufahrtsstraße direkt vor uns treffen nun immer mehr PKW ein. Scharen von Armeniern quellen heraus. Die Frauen, junge wie alte, schick gekleidet, an den Füßen die eleganten hochhackigen Pumps, die ich kaum zehn Minuten tragen könnte, schon gar nicht in dieser Hitze. Auch die Männer, egal, welchen Alters, sind elegant, mit Jackett und Krawatte bekleidet, nur selten ist ein Hemdkragen geöffnet. Man spricht laut und fröhlich miteinander.

Die alte Dame direkt unten an den Treppenstufen scheint das Oberhaupt einer großen Familie zu sein, alle springen um sie herum, und sie dirigiert und weist ein: Kinder, junge Mütter mit Babys, die Männer und die jungen Burschen. Doch keiner hat irgendwelches Gepäck dabei. Es fehlt, wie ich beim Umherschauen feststelle, auch bei den anderen. Was hat das denn nun wieder zu bedeuten? Die jeweiligen Kofferräume der Autos enthalten wohl Thermosflaschen und Kartons, aber keine Koffer.

Die Glastüren hinter uns werden aufgestoßen, es muss eine Maschine angekommen sein – vielleicht die unsere? Jelena verneint bedauernd: »Das war die Maschine aus Paris. Unsere kann noch immer nicht starten, vielleicht ist ja ein Unwetter über Baku.« –

Über Baku ein Unwetter? Mitten im Hochsommer hier in Asien? Das erscheint mir doch recht merkwürdig. »Ja, ja, ich glaube, Nebel verhindert den Start unserer Maschine. Wir müssen noch etwas Geduld haben!« Und weg ist sie wieder.

Die Großfamilie auf dem Parkplatz hat sich aus dem Menschengewimmel die offensichtlich richtige Person herausgefischt.

Eine junge, in ein schickes Kostüm gekleidete Frau, Anfang 20 vielleicht (ganz sicher zu warm angezogen für die hiesigen Temperaturen!), wird von der alten Dame in Empfang genommen. Sie wird umarmt, geküsst, betätschelt, und dann wird sie weitergereicht an den nächstälteren Mann, der sie seinerseits nach ausreichender Umarmung weitergibt, bis sie zu guter Letzt von den Kindern in der gleichen gefühlsstarken Weise begrüßt wird. Ich zähle nach: 18 Personen sind mit den verschiedenen Wagen hier erschienen, um eine Einzige am Flughafen abzuholen, sie, deren Arme inzwischen überquellen von all den Blumen, die man ihr zur Begrüßung überreichte! Die jüngeren Männer kümmern sich nun um das Gepäck, das verstaut werden muss: zwei riesige überdimensionale Koffer, drei Taschen und mehrere kleinere verschnürte Kartons. Dass sie so viel in das Flugzeug mitnehmen durfte!

Um uns herum summt und wimmelt es wie in einem Bienenschwarm. Kühle Getränke werden den Ankömmlingen aus Kühltaschen gereicht, Kuchen und Torten aus den Pappkartons der Kofferräume angeboten, ein Bissen – und der Rest geht weiter an die Kinder. Die ersten Wagen knattern wieder ab, man winkt sich, ruft den anderen noch etwas zu, langsam leeren sich die Parkplätze.

Wir werden in die Halle gerufen. Gleichmütig erheben wir uns. Durst! Etwas Kühles zu trinken, das wäre herrlich. Alles andere ist mir inzwischen egal. In der fast leeren Halle steht der Geruch vom Schweiß vieler Menschen, das nimmt mir fast den Atem. Das Rollfeld draußen mit dem flimmernden weißen Beton ist leer. Völlig leer.

Jelena hat etwas zu verkünden: »Wir fahren jetzt mit dem Bus zurück in die Stadt zu unserem Hotel. Dort in der Hotelhalle ist es kühl und dort können Sie auch etwas zu trinken bekommen. Wer möchte, kann auch etwas essen.« –

»Und was wird aus unserem Weiterflug nach Baku?« – »Nun, in Baku ist immer noch furchtbares Unwetter. Aber man rechnet damit, dass sich der Nebel in einer Stunde gelichtet haben wird. Wir könnten dann am Nachmittag gegen 15.30 Uhr hier abfliegen.« Langsam, bedächtig greifen wir alle nach unserem Gepäck, das müssen wir nun zum Bus zurücktragen.

Aus einer der vielen Türen tritt ein netter junger Mann in Uniform. Unauffällig lässt er die Gruppe an sich vorbei, drängt sich dann in meine Nähe, schnappt sich meinen großen schweren Koffer und lächelt mir wieder zu. An der Tür ist es eng. Er beugt sich zu mir und flüstert mir hastig zu: »Nix Unwetter über Baku! Maschin is kaputt. Nix Start. Motor kaputt. Pah! Nebel über Baku …«

Gegen 18.30 Uhr Ortszeit landen wir abends unter dem blauesten Himmel und unter immer noch strahlender Sonne in Baku am Kaspischen Meer.

Ba – Ku, das heißt übersetzt: »Stadt des Windes«.
Nebel gibt es hier nicht einmal im Winter.

Elegie

Stadt des Windes – Stadt des Feuers
tausendjährig
Du Ba – Ku
Deine Kinder heißen Blutes gastfreundlich
wie Du Ba –Ku

Deine Mauern und Paläste
Märchen unterm Sonnenlicht
kieferngrün Alleen und Plätze
und die Schatten zeigst Du nicht

Stadt des Windes – Stadt des Feuers
dünne Haut
hast Du Ba – Ku

Pestgeruch in Deinen Lüften
bleiern schwere Meeresschicht
tote Fische an den Ufern
und die Täter strafst Du nicht

Stadt des Feuers – Stadt des Windes
Grabesstille streng bewacht
Deine Kinder heißen Blutes
säen Tod in jeder Nacht

Du Baku
wann wirst Du wach?

Samarkand

oder »Dürfen wir Sie einmal ansprechen?«

Von unserem Hotel in Samarkand aus flüchten wir eiligen Schrittes quer über den sonnengleißenden Vorplatz unter das bisschen Schatten der Pinien.

Sonntagnachmittag, 14.00 Uhr.

Bei Sonnenaufgang waren wir nach nächtlichem Flug im märchenhaften Samarkand angekommen. Auf unser aller Wunsch hatte Jelena das Stadtbesichtigungsprogramm für ein paar Stunden verschoben. Denn was wir brauchten, das war erst einmal Schlaf.

Um Mitternacht wurden wir in Aserbaidschan quer durch das im Ausnahmezustand befindliche Baku gefahren (Ausgangssperre, aufgehalten von sieben verschiedenen Militärkontrollen). Um 1.30 Uhr aserbaidschanischer Ortszeit waren wir abgeflogen und um 6.30 Uhr usbekischer Ortszeit gelandet. Wir sehnten uns also nur noch nach Schlaf, den uns unsere Reiseleitung allerdings nur widerwillig zugestanden hat. In Kauf nehmen müssen wir allerdings, in der glühenden Hitze des frühen Nachmittags die Märchenstadt am Rande der Wüste, die frühere Hauptstadt des Timuridenreiches, zu erkunden. Im 14. Jahrhundert hatte von hier aus der türkische Mongole Timur-i Läng mit eiserner Faust regiert, von hier aus hatte er seine ausgedehnten Feldzüge geplant.

Zwei junge Mädchen gesellen sich zu unserer wartenden Reisegruppe: lange blauschwarze Zöpfe, brauner Teint, fremde Gesichtszüge mit den asiatischen Schlupflidern, darunter kleine wache schwarze Augen über den hohen Wangenknochen. Sie tragen die typischen usbekischen Hängerkleidchen aus reiner Seide, senkrecht gestreift in allen Farben des Regenbogens. Die meisten usbekischen Frauen tragen solche Kleider, entweder aus Baumwolle (für den Alltag) oder aus Seide für Feiertage. Diese Art Kleidung lässt die unglaubliche Hitze Usbekistans (über 40 Grad Celsius am Tag) etwas leichter ertragen.

Zu meinem Erstaunen steigen sie mit uns in den Bus, setzen sich nebeneinander direkt hinter Ute und mich. Bei allen unseren Besichtigungen folgen sie uns. Was sie wohl zwischen den deutschen Touristen zu suchen haben, sie sind doch von hier! Die Stadtführerin klärt diese Frage: »Sie sind zwei einheimische Studentinnen, die ihr Praktikum auf diese Weise machen müssen.« – Also begleiten sie uns auf den Registanplatz, den berühmtesten Platz Mittelasiens, in die drei Medresen, auf die Basare und auch am anderen Morgen in die Nekropolis des sagenumwobenen Timur-i Läng, der Samarkand zur blühenden Hauptstadt des »Zweiten Mongolischen Weltreiches« gemacht hatte. Wieder ist es heiß. Schon um 10 Uhr ist das Thermometer auf 41 Grad Celsius im Schatten geklettert. Die Treppe der von den prächtigen Mausoleen gesäumten Straße in der Gräberstadt steigt steil den Berg hinauf.

Viele, viele Stufen führen nach oben und senkrecht steht die Sonne über uns.

Keines der mit türkis-weißen, glasierten Keramikfliesen gestalteten Bauwerke kann daher auch nur den geringsten Schatten werfen.

Ich kann und will nicht mehr und ziehe mich nach rechts in den Eingang eines Mausoleums zurück. Ist es das, was Timur-i Läng seiner jugendlichen Lieblingsfrau errichtet hat? – Das ganz und gar mit rosa und weißen glänzenden Fliesen verkleidete? Ich weiß nur noch, dass ich hier und jetzt einen Augenblick Ruhe brauche! Keine Daten mehr, keine Fakten, keine Namen, keine Jahreszahlen, keinerlei geschichtliche Zusammenhänge mehr! Ich überlasse mich also nur dem einen farbenschwelgenden Ausschnitt, der sich mir bietet.

Ich bleibe jedoch nicht lange allein. Zwei bunt schillernde Gestalten kommen auf mich zu, setzen sich neben mich. Ob ihnen wohl auch zu heiß ist? Oder ob sie einfach keine Lust mehr haben auf die vielen Besichtigungen? Auf all das, was ihnen ohnehin vertraut sein dürfte?

»Darf ich Sie wohl einmal ansprechen?«, klingt es zaghaft auf Deutsch neben mir. Eines der beiden Mädchen hat sich ein Herz gefasst. Ich nicke. »Wir studieren Deutsch und wollen nämlich Dolmetscherinnen werden«, erläutert mir die eine. –»Unsere Universität ist in Taschkent, aber wir stammen beide«, ergänzt nun die andere, »aus Samarkand. Wir möchten gerne mit Ihnen sprechen, um Ihre Sprache zu üben«, wählt sie sorgfältig die Worte.

Nun beginne ich sie ein wenig auszufragen. »Ja, wir haben Semesterferien im Juli. Aber wir haben nicht frei. Wir müssen weiter lernen.« – »Frei haben wir erst abends. Aber das macht uns nichts aus. Wir finden die deutsche Sprache wunderschön, aber sehr schwierig, besonders von der Grammatik her.« Beide bemühen sich im Wechsel um die deutschen Formulierungen.

Den ganzen gestrigen Tag hatten sie sich nicht getraut, jemanden von den Touristen anzusprechen. An wen hätten sie sich denn auch wenden sollen oder können von den deutschen Menschen, die so schnell miteinander sprachen und nur auf die Sehenswürdigkeiten um sie herum konzentriert waren? Doch langsam wird aus dem Frage-und-Antwort-Spiel nun doch ein richtiges Gespräch.

Als Erstes erzählt mir auf meine Frage hin – ist es Olga? ist es Lidja? – was es mit ihrem farbenprächtigen Kleid auf sich hat: »Also, Timur-i Läng, der große Herrscher des Timuriden-Reiches, wollte seine Lieblingsfrau außergewöhnlich schön gekleidet sehen und befahl seinem Hofschneider, einem Künstler seines Fachs, ein Gewand zu entwickeln, das es so noch nie zuvor gegeben hatte. Er bekam eine angemessene Frist und sollte, so befahl der Herrscher, falls er die nicht einhalte, geköpft werden. Der Schneider grübelte und grübelte und wusste schon bald: aus reiner Seide musste es sein, es musste weich und weit und fließend sein, damit die Lieblingsfrau des Herrschers die Hitze im Sommer ertragen kann und der Wüstenwind ihr durch die Bewegung des Stoffes Kühlung verschafft. So weit war die Aufgabe kein Problem! – Doch welches Muster? Welche Farbe? Es wollte und wollte ihm nichts einfallen, das alles je da Gewesene in den Schatten stellen würde.

Die Frist verstrich, und es trieb den armen Schneider des Morgens schon früh vom Lager.

Unglücklich stand er im Hof des Palastes und schaute in den ‚Hauss‘, das ist der riesige Wasserspeicher, wie es sie hier in der Wüste auch heute noch an vielen Stellen in der Stadt gibt, in dem sich die Morgensonne zu spiegeln begann. Er schaute und schaute … –

Nun hatte er die Lösung gefunden!

Alle Farben, die das Sonnenlicht so unvergleichlich schillernd und schön auf das Wasser zauberte, sie waren genau das, was der Lieblingsfrau des Timur-i Läng würdig war.

Der Schneider rettete seinen Kopf.

Bis heute tragen alle usbekischen Frauen stolz dieses Gewand, das im 14. Jahrhundert Timur-i Läng für seine Lieblingsfrau schaffen ließ.« –

Während sie mir abwechselnd diese hübsche Legende erzählen, steigen wir gemeinsam den Berg hinab. Olga und Lidja beraten mich in einem Kiosk am Fuß der Nekropolis beim Kauf einer »Tjubetjeka«, der usbekischen Kopfbedeckung für die Männer, und plötzlich drückt mir eine von beiden etwas in die Hand. Verlegen schaut sie zur Seite: »Damit Sie immer an Samarkand denken«, Pause, »und an mich.« Gerührt betrachte ich die kleine Anstecknadel in meiner Hand: auf rotem Untergrund ist der Eingang der Medrese Schir-Dor abgebildet, darunter in kyrillischen Buchstaben »SAMARKAND«.

Ich finde die beiden so reizend, dass ich mir den Kopf zerbreche, womit ich ihnen meinerseits eine kleine Freude machen könnte, ich habe einfach das Bedürfnis, den beiden etwas zu schenken. Im Hotel krame ich also in meinem Koffer. Da muss doch noch etwas von den in Deutschland eingesteckten »Mitbringseln« sein!

Was habe ich denn an Kosmetika? – Ich wähle für jedes Mädchen ein kleines Deospray aus. Sicher freuen sie sich darüber, denn die Frauen haben überall dankend zugegriffen, wenn sie westliche Kosmetika bekamen, die hier teuer und schwer zu bekommen sind.

Am Nachmittag treffen wir uns zur nächsten Besichtigungstour wieder. In jeder Hand halte ich ein kleines Geschenk parat.

Beide Mädchen wehren empört ab und laufen einfach vor mir davon. »So nehmt es doch. Das ist für euch!« – »Nein! Nein, das wollen wir nicht«, bleiben sie bei ihrer Haltung.

Später habe ich jedem Mädchen ein kleines Deospray in den offenen Umhängekorb gleiten lassen, aber heimlich wie der Dieb, der ihnen etwas nimmt!

Die Spange

oder »Gummi kau«

Schon seit geraumer Weile verfolgen sie uns. Zuerst sind es nur zwei, dann vier, fünf, acht Kinder, die uns – zunächst in einigem Abstand – bald aber recht nah auf den Fersen folgen: zwei kleine Mädchen, so zwischen 8 und 11 Jahren, und kleinere und größere Jungen, die ältesten um die 15 Jahre.

Wir sind in Chiwa, der Stadt mitten in der Wüste. Bleiben wir stehen, um ein Minarett oder die wunderschönen Details am Schahpalast oder die geheimnisvollen Winkel in den orientalischen Gassen zu betrachten, dann warten sie, gehen wir weiter, dann die Kinder auch.

Immer öfter bleiben wir stehen. Die Sonne steht senkrecht über der Wüstenstadt. Schmerzhaft sticht sie auf meinen ungeschützten Kopf, aber unter dem Sonnenhut schwitze ich zu sehr und das Seidentuch reißt der Wüstenwind eh dauernd herab. Also bin ich immer wieder auf der Suche nach ein wenig Mauerschatten.

Chiwa – die Perle des sowjetischen Orient, mitten in der Wüste Karakum gelegen, heute als Museumsstadt weitgehend restauriert und erstaunlicherweise im Altstadtbereich sogar bewohnt. Einheimische Schulklassen, Touristenscharen aller Nationalitäten drängen sich auf dem Basar, auf den Stufen zu einem der berühmten Minarette. Doch die Kinderschar hat sich ausgerechnet uns ausgesucht, die wir uns aus der großen Reisegruppe gelöst haben.

»Gummi kau! – Gummi kau!«, tönt es plötzlich hinter

uns. Wir kramen in unseren Taschen, es reicht auf jeden Fall nicht für alle. »Njet, njet«, das aber beeindruckt sie gar nicht. »Kugelschreiber! Feuerzeug!«, und jetzt richtig: »Kaugummi!«

Wir stellen uns bewusst dumm. Solcherart Betteleien haben wir in fast jeder Stadt erlebt.

Eines der kleinen Mädchen, das jüngste mit dem glatten schwarzen Pagenkopf, schiebt sich an meine Seite, lächelt mich an und zeigt auf meinen Kopf. Die Ältere mit dem langen geflochtenen Zopf blickt schüchtern zur Seite, als ich mich ihr zuwende. Irgendetwas will die Kleine von mir. Immer wieder der lächelnde Blick und immer wieder der Finger, der auf meine Frisur weist.

Schließlich greift sie dem anderen Mädchen in die Frisur und zieht eine schwarze Klammer seitlich heraus. Endlich verstehe ich, was sie meint! Sie hat es offensichtlich auf meine blauen Schmuckklammern abgesehen, mit denen ich der Hitze wegen meine Haare festgesteckt habe. Im Nacken habe ich meine halblangen Haare mit einer Messingspange zusammengerafft, sodass der Wind mir ein wenig Kühlung im Nacken verschafft.

Das kleine blaue Klämmerchen also ist es! »Lass das bloß!«, warnt mich ein Begleiter, »Sonst bist du gleich alle los.« Die Kleine lächelt mich wieder bittend an. Und ich kann nicht widerstehen. Außerdem habe ich irgendwo in meinem Koffer in Taschkent mit Sicherheit noch Ersatzklammern.

Ich ziehe also die linke Klammer aus meinem Haar und gebe sie ihr. Sie greift danach in Windeseile, und schon sind die beiden Mädchen verschwunden. Die anderen

Kinder huschen rechts und links in die Gassen. Wir sind wieder allein.

Vor uns sehen wir ein Hotel für die russischen Gäste, eine Art Teehaus. Dahinein ziehen wir uns zurück, ab in den Keller. Ursprünglich war das früher eine große Karawanserei gewesen.

Chiwa war einmal Handelsknotenpunkt der Karawanenstraße, der legendären Seidenstraße, zwischen China im Osten und dem Kaukasus im Westen. Das höchste Minarett hatte damals als eine Art Leuchtturm gedient: Bei Dunkelheit wies es den Reisenden den Weg zur schützenden Stadt, die ihnen jedoch ebenso gut auch zum Verhängnis werden konnte. Denn wenn dem Scheich von Chiwa die Fremden nicht genehm waren aus vielerlei Gründen, dann ließ er sie kurzerhand auf das höchste Minarett schleppen und von dort oben in den Tod springen.

Unten im Teehaus sind die Temperaturen verhältnismäßig angenehm. Wir nehmen hockend auf dem mit dicken orientalischen Teppichen ausgelegten Podest, Dastachan genannt, Platz. Mich erinnert das an ein großes altertümliches Doppelbettgestell, nur dass es statt des Lattenrostes eine Holzplatte hat, auf der man sich niederlässt.

Der flache sehr niedrige Tisch darauf erschwert uns Europäern, vor allem Frauen mit Rock, das Sitzen gewaltig. Es ist schwierig, die richtige, d. h. anständige und doch noch einigermaßen angenehme Position zu finden. Schließlich lagern wir vier Frauen unsere Beine seitlich. So geht's. Der kräftige russische Tee, eine große Kanne voll für etwa 13 Kopeken, das sind ca. 5 Pfennig (offizieller Kurs) – ungesüßt –, löscht augenblicklich unseren Durst. Die Hitze trocknet einen geradezu aus, die Haut an meinen Händen beginnt bereits faltig zu werden. »Trinken. Viel trinken!«, diesen Rat hören wir ständig. »Kein frisches Obst! Auch nicht im Restaurant! Kein Wasser irgendwo, höchstens Mineralwasser aus der Flasche! Am besten heiß aufgebrühten Tee!« –

Interessiert beobachte ich die Ameisen, die gezielt in langer Heerstraße vor meinen Füßen über den Teppich marschieren. Eine von uns springt entsetzt auf. »Hier bleibe ich nicht. Das ist ja voller Ungeziefer. – Überhaupt, wer weiß, wer hierauf schon alles gesessen hat.« Ihrer Vorstellung von Hygiene entspricht nun gar nichts mehr. Sie bleibt stehen. Auch der Hinweis, dass es doch nur Ameisen sind, zielstrebig auf dem Weg zur Zuckerdose auf dem Tisch, kann sie nicht umstimmen.

Nun gut, wir fühlen uns genug erholt und steigen aus der Kühle wieder hinauf, dorthin, wo uns die Hitze und Grelle des Sonnenlichts schier erschlägt.

An der schattigen Straßenseite zeigt das Thermometer 48 Grad Celsius, und das um vormittags 11.00 Uhr. Und dennoch, wir wollen noch einmal zum Harem des letzten Herrschers von Chiwa gehen. Herrliche geschnitzte und farbig ausgemalte Holzdecken und -säulen schmücken dort die schattigen Nischen für die Hauptfrauen, während die Nebenfrauen, die Sklavinnen, rechts auf der Sonnenseite ihre Räume hatten.

Was in unseren Schlössern und Kirchen der Marmor, das gilt hier in der Wüste das Holz, kostbarstes Material zur Auskleidung der Paläste und Medresen.

Sie sind aus dem Nichts wieder da, die beiden kleinen schwarzhaarigen Mädchen! Die Kleinere drückt mir zwei verrostete Haarklammern in die Hand und zeigt wieder auf meinen Kopf. Aha, sie tauscht also. Nun gut, amüsiert nehme ich sie und ziehe auch noch die andere blaue Klammer aus dem Haar. Ihre stecke ich als Souvenir in die Rocktasche. Verwenden mag ich sie nicht.

Eine kleine Kinderhand schiebt sich nun in meine heiße linke, kühl ist sie und etwas rau. »Ja Nina!« Aha, sie heißt also Nina. Ich bestätige »Tbi Nina, ja Marlies.« Sie strahlt und versucht zu wiederholen: »Tbi Marrlies« –

Fortan begleitet sie mich, erklärt mir, dass da rechts ihre Schule ist. »Moja schkola«, da ist ein Friedhof … und fächelt mir Luft zu, als sie bemerkt, dass mir der Schweiß die Schläfen herabrinnt. Ab und zu schmiegt sie ihre Wange an meinen Arm und zeigt bittend auf meine glänzende Metallspange im Nacken. Lächelnd verneine ich, die brauche ich selber. Erstaunt registriere ich von Neuem ihre angenehm kühle Haut. Sie ist überhaupt nicht erhitzt. Seltsam!

Wir schlendern durch enge schattige Gassen, zur Straße hin sind die Gebäude fensterlos, zu den Innenhöfen jedoch weit geöffnet. Nina weist nach hinten: »Nix gutt!« – zu viel Sonne. Sie hat ja so recht! Vor uns unter einer Akazie mitten in einem üppigen bunten Stockrosenfeld grast ein kleiner Esel. Ein hübsches Bild, ich zücke meinen Fotoapparat; da – ein heftiger, schmerzhafter Ruck an meinem Hinterkopf. Ich fasse zu – spontan, fest und erwische Ninas kleine Hand, die versucht hat, mir die Spange aus dem Haar zu reißen. Erbost wehre ich ab. Sie läuft davon, einem Einheimischen hinter uns direkt in die Arme. Er schlägt zu und schimpft und schimpft.

Offensichtlich hat er genau beobachtet, was da vor ihm vorgegangen ist. Ich zittere. Ob vor Wut oder vor Enttäuschung oder vor Schreck? Die Spange befestige ich erneut am Hinterkopf.

Von meinen Begleitern bekomme ich nun: »Ich hab dir doch gleich gesagt …« und »Man darf sich eben auf solche Kinder gar nicht erst einlassen!« zu hören.

Mir ist nicht mehr nach Diskutieren und auch nicht nach Besichtigen. Im Schatten des dicken Stadtturmes am Stadttor Pawlan-Darwasa, an dessen Torflügel man angeblich früher Bauern, die ihre Abgaben nicht leisten konnten, mit den Ohren angenagelt hat, setze ich mich auf einen Mauervorsprung. Es ist zu heiß zum Denken, zu heiß zum Empören, zum Enttäuschtsein.

»Da, da ist die Kleine ja wieder!« Ein Reisegefährte hat sie bemerkt. »Was wohl jetzt kommt?« – »Dass die sich noch in deine Nähe traut!« Er begreift die Welt nicht mehr. In einigem Abstand schleicht Nina vor uns her, jedoch ohne einen Blick herüber, setzt sich, ein ziemliches Stück von uns entfernt, ebenfalls auf den umlaufenden Mauerring, zieht etwas hervor und beginnt es ganz konzentriert zu zerreißen. Dann steht sie auf, geht ganz langsam, ohne zu schauen, dicht an mir vorbei und lässt mir die Schnipsel vor die Füße flattern.

Ich bücke mich danach, neugierig füge ich die Teile zusammen. Es war ein Foto, das sie da zerrissen mit trotzigem Gesichtsausdruck, entschlossen und bewusst, vor mir ausgestreut hat.

Auf dem Bild waren drei Personen zu erkennen: zwei Erwachsene mit Nina in der Mitte zwischen sich.

Die Kleine biegt in die nächste Gasse ein.

Danach bleibt sie für immer verschwunden und lässt mich ratlos zurück.

Auf dem Basar von Taschkent

oder »Germanskij Saudi-Arabia«

Der letzte Programmpunkt im sowjetischen Süden steht an: Besuch des großen Basars von Taschkent.

Noch Anfang des 20. Jahrhunderts haftete dieser Millionenstadt, der Hauptstadt Usbekistans, ein Flair von Abenteuer, Orient, ja Märchen an. Die Basare waren eine sagen- und geheimnisvolle Welt für sich! Inzwischen ist die Stadt Weltstadt geworden, eine Hauptstadt eben, die in den sechziger Jahren durch ein schweres Erdbeben verheerend zerstört und inzwischen – darauf ist man von offizieller Seite besonders stolz – neu und vor allem erdbebensicher aufgebaut worden ist. Mit hohem technischem Aufwand, allem Know-how, das der Sowjetunion zur Verfügung stand, soll eine ähnliche Katastrophe, wie sie damals die Stadt und ihre Bewohner getroffen hatte, ausgeschlossen werden.

Die Erde hier ist besonders dünnhäutig. In Bewegung ist sie praktisch immer, mal stärker, mal weniger heftig. Die Auswirkungen sind an unserem 17-stöckigen Hotel »Usbekistan« unverkennbar: diesem monumentalen Touristenkoloss mit Swimmingpool, Wasserspielen und -speiern, Friseur- und Souvenirläden, russischer Bar und selbstverständlich einer Devisenbar. Vereint unter diesem Dach die DDR-Funktionäre, die verdienten Aktivisten, die japanischen Fotosafarinisten, die sowjetischen Urlauber aus den anderen weniger von Sonne verwöhnten Landesteilen, sowie wir 18 Westdeutsche,

alle aber im riesigen Speisesaal fein säuberlich vonein-
ander getrennt.

Bei genügendem Abstand, d. h. von der anderen Straßenseite aus, da, wo sich die schattigen baumbestande-
nen Promenaden kreuzen und sich zu einem Park mit
Cafés, Kinderspielplätzen und prächtigen Wasserspielen
vereinen, von hier aus wirkt das hohe Hotelgebäude fast
ästhetisch schön. Das vor allen Fenstern gemauerte Maßwerk mit usbekischen Ornamenten spendet den dahinter
befindlichen Gästezimmern den notwendigen Schatten.
Kommt man aber näher, fallen die Risse im Mauerwerk
auf, überall in jeder Etage breite Risse. Vor unserem
Fenster im 16. Stockwerk sind aus dem Maßwerk ganze
Stücke herausgebrochen.

Als ich über den langen, schier endlosen Flur zum
Aufzug gehe, schwanke ich. Kreislaufstörungen? Schwä-
che, verursacht durch den unangenehmen anhaltenden
Durchfall, der mich seit der Nacht plagt? – Aber auch
den anderen, nicht erkrankten Reisegefährten ergeht
es ähnlich. Wir werden beruhigt: Das ist nur eines der
üblichen kleineren Beben, wie sie hier an der Tagesord-
nung sind. Hauptsächlich ist das in den oberen Etagen
spürbar, nicht der Rede wert, das Hotel sei schließlich
erdbebensicher gebaut!

Nun, diese Beteuerungen bessern meinen miserablen
körperlichen und seelischen Zustand überhaupt nicht.
Ich schlucke brav erst Kohletabletten, dann Immo-
dium, von hilfsbereiten Mitreisenden verabreicht, doch
die schrecklichen Schmerzen und Krämpfe werden nur
noch schlimmer.

So langsam kommt Panik in mir auf: Gibt es auf dem Basar eine Toilette? Elf Stunden Nachtflug von Taschkent über Alma Ata bis nach Bratsk in Sibirien und das mit diesem Durchfall? Gute Ratschläge gibt es von allen Seiten. Alles bin ich bereit zu versuchen, denn den Besuch des vielgerühmten großen Basars von Taschkent will ich auf keinen Fall auslassen. Also noch eine Tablette, einen Biss in den Zwieback und ab in den Bus!

Nach kurzer Zeit biegen wir in eine Seitenstraße ein, die auf beiden Seiten komplett zugeparkt ist. Unser Busfahrer zirkelt das Fahrzeug unbekümmert hindurch und öffnet mitten auf der Straße die Türen. Verkehrstechnisch geht jetzt gar nichts mehr.

Eine Allee führt direkt auf den Basar. »Basar«, welch ein viel versprechendes, die Fantasie beflügelndes Wort für das, was sich uns hier bietet. Menschenmassen drängen und schieben sich an modernen Verkaufshallen, in denen alles, was kauf- und verkaufbar ist, feilgeboten wird. Asphaltierte Gänge biegen rechts und links ab, queren sich, schneiden auch schon den nächsten. Endlich das Ende der festinstallierten Hallen, Marktstände schließen sich an mit Segeln und Sonnenschirmen, die Frauen taxieren uns sogleich als Touristen. Wir werden von links und rechts angesprochen, mal in gebrochenem Englisch, mal in radebrechendem Deutsch.

Ute sucht schon seit Baku nach einer ganz bestimmten Haarschleife: Weiß soll sie sein, so ein richtiger Propeller, wie ihn die kleinen Mädchen in Moskau, Tiflis und Baku tragen. »Für meine kleine Nichte. In Tinas roten Haaren sieht das bestimmt süß aus.« – »Da links gibt es

Brautschleier, da könntest du es doch mal versuchen«, ich steuere energisch durch das uns entgegenwogende Gedränge hinüber auf die andere Seite. Und hier findet sie tatsächlich das Gesuchte.

Auf meine Frage nach dem Preis hat uns die Marktfrau gleich richtig eingeschätzt, West-Touristen!!! Sie preist nun an, hält sich die Schleife neckisch an den Hinterkopf, vom Nachbarstand wird eine zweite Händlerin herbeige-wunken. Die klatscht mit einem Ausruf des Entzückens in die Hände, bewundert und lobt mit großen Gesten. Weitere Frauen gesellen sich im Nu dazu, gebärden sich, als gälte es, eine Braut einzukleiden. Man nickt uns zu, lächelt ermunternd, die Qualität der Schleife wird durch grausames Zusammenknüllen demonstriert. Den Preis habe ich immer noch nicht erfahren. Und Ute will auch gar nicht handeln, sie will nur endlich die Schleife kaufen können. Doch es hilft nichts. Jetzt wird erst einmal auf Russisch, was ich ein wenig, dann auf Englisch, was wir beide verstehen, gespickt mit deutschen Brocken, erläu-tert, dass diese Schleife sogar zu waschen ist, dass man sie nicht einmal zu bügeln braucht, dass sie diese Qualität jahrelang behalten wird, und diese Errungenschaft – na endlich – für nur acht Rubel zu haben ist.

Ohne mit der Wimper zu zucken, zahlt Ute diesen unverschämten Preis. Das sind mehr als 24 DM nach offiziellem Kurs für eine weiße Kinderhaarschleife!

»Wenn ich unseren letzten Schwarzmarktkurs zugrunde lege, dann sind das gerade mal 2 DM«, flüstert sie. »Das ist mir der Spaß wert.«

Nach einigen Schlenderschritten befinden wir uns mitten im Gemüseangebot. Was der Orient zu bieten hat, liegt hier aus, und zwar in Mengen: Melonen, Äpfel, Birnen, Tomaten, Gurken, Zucchini, Bohnen, Lauch, Petersilie, Oliven … Wir erinnern uns an die gähnende Leere der Moskauer Regale. Alles, aber auch alles gibt es hier in Hülle und Fülle. Mit Planwirtschaft und der Versorgung der nördlichen Landesteile stimmt wohl etwas ganz offensichtlich nicht!

»Schau mal, der hat Oliven zu Männchen zusammengesteckt.« – »Und hier sind aus Möhren, Gurken, Oliven und Kräutern Gesichter geformt!« – Die Fülle der Eindrücke überlagert tatsächlich mein immer wiederkehrendes Bauchkneifen. Ein bisschen will ich unbedingt noch aushalten.

Nun wird es ruhiger, es ist inzwischen kurz vor Marktschluss. Wir schlendern unter wellblechüberdachten Ständen hindurch. Viele Händler beginnen zusammenzupacken, was sie nicht losgeworden sind. Und wir erinnern uns gegenseitig immer wieder daran: Wenn das die Moskauer Hausfrauen sehen könnten!

Links hinten kramt bedächtig ein uralter Mann sein bescheidenes Angebot an Besen, Strohplatten und Gemüse, seine unverkaufte Ware, zusammen. Auf seinem weißen Kopf trägt er die Tjubetjeka, dies unverwechselbare usbekische schwarze Käppchen mit den weißen Ornamenten. Ein runzliges, typisch asiatisches Gesicht leicht mongolischen Einschlags, in dem die Augen gar nicht mehr zu sehen sind. Gelbbraune Haut, wettergegerbt. Er fasziniert mich. Ich bleibe stehen vor seinen Auslagen, denn ich möchte mir einen Strohfeger kaufen, den aus Maisstroh, handgebunden, wie ihn die Frauen haben, die in all den von uns besuchten Städten an den öffentlichen Plätzen wie: Treppen, Hotelzufahrten, Flughafenvorplätzen, Bahnsteigen, emsig, wenngleich vergeblich, gegen den Dreck und Staub und Abfall ankämpfen.

Der alte Mann wird jetzt auf uns aufmerksam, sein zahnloser Mund lächelt schief: »Ah, du Germanskij?« – Wir nicken bejahend. »Choroscho! Da, da! Germanskij Saudi-Arabia?«, fragt er dann. – Ich schüttele energisch den Kopf. »Njet. Nix Saudi-Arabia! – Njemjecki!«

Er dagegen strahlt übers ganze Gesicht. »Da, da. Guttes Frau, du. Du Germanskij Saudi-Arabia!!«, und fügt erläuternd hinzu: »Germanskij America.«

Was meint er damit nur? Will er damit sagen, dass wir aus Westdeutschland sind? Offenbar meint er es genau so: »Much money. Gutt, viell gutt, Germanskij Saudi-Arabia!!!«

Ich zahle ihm mit genügender Verblüffung daraufhin den geforderten Betrag und nehme den kleinen Besen an mich. Er verbeugt sich tief und lächelt uns beiden Frauen aus dem reichen kapitalistischen »Germanija Saudi-Arabia« zu, mit denen er heute zu Tagesabschluss das große Geschäft mit einem Maisstrohfeger machen konnte.

Ankunft

aus regenbogenfarbener Pracht
in die weite Stille
ewig erdacht
füllt
dich
betäubt vom Dröhnen der Nacht
Fichtenduft
schwanger
vom Tau der Nacht
strömt in dich ein
Sibirien erwacht

Ein kleineres Fluggerät

oder »Ust-Orda, wo liegt denn das?«

Bereits lange vor Antritt unserer Reise, bei der Beschreibung durch den Reiseveranstalter, hatte großes Rätselraten geherrscht, was Intourist wohl meinte, wenn die 680 km zwischen Bratsk und Irkutsk mit einem »kleineren Fluggerät« bewältigt würden.

Nun, nach unserer Zwischenlandung in Bratsk, lichtet sich schnell das Dunkel: es ist eine kleine zweimotorige Maschine, etwa 40 Personen fassend.

Man informiert uns sogar über die Hintergründe: Der Flughafen Irkutsk sei für große Maschinen gesperrt, denn die harten sibirischen Winter der letzten Jahre hätten die Start- und Landebahnen unbenutzbar gemacht. Wer also nach Irkutsk will, der muss entweder die Transsib, die Transsibirische Eisenbahn, nehmen oder aber auf solch ein »kleineres Fluggerät« umsteigen oder er muss auf der Transsibiriana fahren, der einzigen Verbindungsstrecke zu Lande zwischen Moskau und Wladiwostok am Pazifischen Ozean, die an Irkutsk, dem Zentrum Südsibiriens, vorbeiführt.

Es ist früher Morgen, bewölkt. Während des Nachtfluges habe ich die meiste Zeit vor mich hingedämmert. Jelenas Medikament gegen den Durchfall hat mich zwar gerettet, dafür aber seit Stunden in einen merkwürdigen Dämmerzustand versetzt. »Gegen die asiatische Ruhr helfen eure westlichen Medikamente nicht. Warum haben Sie mich nicht sofort bei den ersten Anzeichen informiert?!«, waren ihre vorwurfsvollen Worte am Flughafen von Taschkent gewesen, als sie durch Zufall die teilnahmsvollen Worte einiger Reisegefährten mitbekommen hatte. Oh, sie war richtig böse geworden: »Ich habe Ihnen von Anfang an gesagt, Sie müssen mich sofort benachrichtigen, wenn Sie länger als einen Tag Durchfall haben, auf Ihre westlichen Medikamente können Sie sich dabei nicht verlassen, die sind für ganz andere, schwächere Erreger gedacht.«

Danach habe ich halbstündlich brav die von ihr verabreichten Tabletten geschluckt, was sie persönlich kontrollierte. Während des gesamten Nachtflugs stand ich unter ihrer ständigen Aufsicht, ich musste mich neben sie setzen und nicht wie sonst neben Ute. Zu Hause klärte mich später ein iranischer Arzt auf, dass dieses Mittel gewiss opiumhaltig gewesen war, das am schnellsten wirkende asiatische Mittel gegen Durchfall. Daher mein dämmernder Schwebezustand.

Das gleichmäßige Propellergeräusch unseres »kleineren Fluggerätes« schläfert mich schon wieder sachte ein. Zu sehen ist unter uns nicht viel, wir fliegen in dichten Wolken.

Irgendwann spüre ich an dem veränderten Geräusch, dass wir sinken. Ich blinzele aus dem Fenster: Beton unter uns, grau in grau, nichts, was die Aufmerksamkeit auf sich ziehen würde. Dann jedoch steigen wir wieder auf. Ich schlafe fest ein. Nach ganz kurzer Zeit – ist es die deutliche Unruhe unter den Passagieren? Oder das veränderte Motorengeräusch? – lässt mich ein Blick aus dem Fenster hellwach werden. Wir sinken, und deutlich erkenne ich unter mir das Braungrün einer spärlichen Wiese. Wir sind also im Landeanflug. Bald werden wir Irkutsk erreicht haben!

Die Unruhe um mich herum scheint sich zu verstärken, alle Passagiere beugen sich nach links zu den Fenstern. Der gelbbraune Acker unter uns geht in eine Wiese über, wir sinken weiter. Wo nur die Landebahn bleibt?! Von Irkutsk müssten doch längst Häuser zu sehen sein!

Schon rasen wir dicht über den Boden dahin, immer noch Wiese unter uns, deutlich durchzogen von Spurrillen. Was macht der Pilot denn nur? Der wird doch nicht …! Das kann doch nicht wahr sein! Doch es ist so: Er zieht die kleine Maschine eng herum. Durch den Bogen, den wir nehmen, kann ich unter uns eine weite Ebene überblicken, bedeckt mit knappem Gras. Wiese! Steppe! So weit man schauen kann, Gras. Es holpert. Es schlägt. Es stößt. Wir hüpfen hoch. Schon stößt es wieder und wieder. Mit unvorstellbarer Geschwindigkeit, scheint mir, rasen, nein stolpern und jagen wir auf dem Boden dahin. Einige Passagiere haben den Kopf auf die Knie gelegt. Ich starre gebannt nach draußen. Irgendwann werden wir endlich langsamer. Die beiden Propellerflügel werden sichtbar. Wir werden noch etwas langsamer. Dann verstummt das Motorengeräusch. Aus. Wir stehen. Keiner der Passagiere rührt sich.

Mit hochrotem Kopf stürmt plötzlich der Pilot aus der Kanzel heraus durch den Gang an uns vorbei nach hinten. Es poltert, und schon beobachte ich, wie er draußen am Fenster vorbeiläuft.

Unvermittelt löst sich die Spannung unter uns

Fluggästen: Was ist passiert? – War das soeben eine Notlandung? – Wo um alles in der Welt sind wir?!

Einer von uns glaubt, beobachtet zu haben, dass wir vorhin einmal bereits über dem Rollfeld von Irkutsk gewesen waren. – Wieso sind wir aber wieder durchgestartet? – Wohin ist nur unser Pilot verschwunden? – Fragen über Fragen und keine Antwort. Nur eines ist uns klar, dass wir nämlich heile heruntergekommen sind!

Hinten die Luke am Flugzeug steht offen, die ersten Personen, zumeist die Mütter mit den Kleinkindern, steigen aus und sind zu unserer großen Überraschung plötzlich verschwunden. Wie vom Erdboden verschluckt!.

Wir begeben uns nun auch nach draußen, dann stehen wir mitten in einer weiten Ebene, flach wie ein Brett. Der Horizont wird rundherum – und ich drehe mich einmal um meine eigene Achse – begrenzt von einer Hügelkette. Ich drehe mich noch einmal um die eigene Achse. Hier war ich doch schon einmal! Das alles hier kenne ich. Und ich entdecke in weiter Ferne das einsame Baumpaar, das ich schon einmal gesehen habe, damals vor Antritt der Reise in meinem Traum, und mir stockt das Blut, als jetzt Ute, der ich irgendwann unterwegs dieses Traumbild anvertraut hatte, sachlich und nüchtern sagt: »Na, klingelt es in dir? Das müsste dir doch bekannt vorkommen!« – Ja, das ist das Wirklichkeit gewordene Traumbild. Mein Verstand wehrt sich dagegen, aber es ist so. Es ist wirklich so!

Und es beschäftigt mich sehr. Wieso? Kann das sein? Gibt es so etwas tatsächlich? Genau hier an dieser Stelle war ich in meinem Traum und habe auf die beiden Bäume dort drüben geschaut, die so verloren nebeneinander auf der Höhe stehen.

Auch Peter spricht mich jetzt darauf an: »Sag mal, diese Landschaft hast du doch letztens als dein Traumbild beschrieben, ist es nicht so?« Ich kann nur in Sprachlosigkeit nicken, doch ich bin froh, mit den beiden davon gesprochen zu haben, sonst würde ich jetzt an meinem Verstand zweifeln.

Ich schaue mich weiter um. Rechts hinter unserem Maschinchen befinden sich in weiter Ferne ein paar Wellblechhütten. Jelena macht sich auf den Weg.

Sie will versuchen an irgendwelche Informationen zu kommen oder eventuell mit Irkutsk zu telefonieren, so verspricht sie. Das Einzige, was wir sicher wissen, ist: Es ist 9.00 Uhr morgens sibirischer Zeit.

Wir sind nicht in Irkutsk, sondern von unserem eigentlichen Ziel ca. 40 Minuten Flugzeit entfernt. (Alfred hat das genau registriert.) Wir befinden uns auf einer riesigen Grassteppe ohne Dorf, ohne irgendwelche Anzeichen menschlichen Lebens. Doch da! Ganz weit hinten einige Lastwagen in der Ferne.

Wir haben Hunger. Wir haben Durst.

Nach dem langen Nachtflug von Taschkent nach Bratsk, dem Umsteigen in das »kleinere Fluggerät« und dem anschließenden Irrflug damit, hofften wir auf ein Bett, auf eine Dusche. Wir sind seit gestern Abend 19.00 Uhr usbekischer Ortszeit unterwegs! Immer wieder die Fragen: Wieso? – Warum? – Wie lange? – Wie weiter?

Jelena bleibt wieder mal verschwunden. Irgendjemand muss mal … Unser deutscher Reisebegleiter Peter weist auf ein paar Erdhügel. Dahinter! Wo sonst?

Lieber warten, bis Jelena kommt. Vielleicht gibt es bei den Wellblechhütten eine Toilette? Was bin ich froh, dass durch Jelenas Medizin mein Durchfall gebannt ist, wenngleich ich mich immer noch sehr benommen fühle. »Kaffee!«, seufzt jemand. »Oder wenigstens Tee!«, schränken andere ein.

Der Himmel über uns reißt auf. Die Himmelsrichtungen werden erörtert. Nützt uns das etwas? – »Jelena kommt!« Alle Augen wenden sich ihr wieder einmal erwartungsvoll zu. Sie reckt schon von Weitem die Arme gen Himmel. Nichts. Gar nichts! Ein Telefon gibt es nicht, wohl einen Fernschreiber in der Wellblechhütte, doch der am anderen Ende in Irkutsk ist heute am Samstagmorgen nicht besetzt.

Ob wir von hier abgeholt werden können? – Nein, das sei völlig unmöglich!

Wir müssen warten. Vielleicht …, ach, sie weiß auch nicht.

Sagt sie etwa nicht, was sie weiß? – Wo wir sind? Doch, das weiß sie: »Wir sind in **Ust-Orda**!«

»Aha. Und wo liegt das?« – Klar, in Sibirien! – Keiner lacht. »Aber wo denn, von Irkutsk aus gesehen?« – Schulterzucken. »Und warum sind wir hier gelandet?« Erneutes Schulterzucken. Die Sonne scheint jetzt. Es wird wärmer, wie zu Hause in Deutschland im Frühling. Ich breite mein Tuch aus und setze mich auf den Boden. Mir fällt ein, dass ich im Handgepäck doch noch Zwieback habe, als Notration, gedacht für den Fall des Falles. Na, wenn das nicht der Fall ist?! – Jemand zaubert

eine Flasche armenischen Rotwein hervor, die eigentlich als Andenken für zu Hause bestimmt war.

Aber – besser solch ein Frühstück als gar keines.

Man lagert sich, reicht die Flasche herum, man knabbert, die Spannung lockert sich. Jedenfalls ein Abenteuer! Wenn wir das daheim erzählen …! Ein Erlebnis ganz außerhalb des genau geplanten Intourist-Programms …

Eine Nachricht trifft ein. Wie schön, wenn der Mensch endlich erfährt, warum etwas ist, wie es ist, wo es doch ganz anders sein sollte!

Die Landebahn des Flughafens in Irkutsk war (oder ist) durch heftige Regenfälle der letzten Tage unpassierbar. Sie sei aufgeweicht und müsse erst abtrocknen. Na, das kann dauern, oder? –

Der Wein, auch wenn es für jeden der 18 Personen nur ein Schlückchen war, hat die Gemüter beruhigt.

Man vertritt sich die Beine, genießt die angenehme Temperatur. Gott sei Dank, nicht mehr die furchtbare Hitze Mittelasiens! So an die 20 Grad Celsius werden es sein. Überlegungen werden angestellt: im Flugzeug, »Fluggerät bitte«, kann man notfalls ja übernachten.

Ob man das hier mal fotografieren kann? Jemand wirft ein, dass die LKW in weiter Ferne anscheinend Militärlaster seien. (Fotografieren von Fluganlagen, Brücken, Bahnhöfen, militärischen Anlagen, ebenso wie das Fotografieren aus dem Flugzeug heraus, ist strikt bei harter Strafe verboten!) Doch erstens, so beschließe ich, ist dies hier kein Flugplatz. Und zweitens: Wer sollte mich hier schon verhaften?

Also banne ich auf Zelluloid, was ich sonst hier und heute für einen Traum halten würde, diese weite Ebene mit unserem »Fluggerät« und den tiefen Spuren des Fahrwerks im Erdboden.

Ein Ereignis bahnt sich an.

Langsam rollt aus dem Nichts auf einmal ein Tankwagen auf uns zu. Jemand schleppt einen dicken Schlauch, unendlich lang, und schleppt und schleppt. Unser Maschinchen wird aufgetankt.

Und nun geht alles ganz schnell. Unser Pilot erscheint und scheucht uns mit unmissverständlichen Handbewegungen auf und dann ab ins »Fluggerät«. Wieder holpert es. Wieder rasen wir über die Grasstoppeln. Dann sind wir in der Luft, kreisen noch einmal und sind bald von dichten Wolken umgeben.

Diese Wolkendecke reißt nicht auf, auch nicht, als wir nach immer erneutem Kurven bei viel zu hoher Anfluggeschwindigkeit und nach langem Ausrollen in weiten Kreisen auf der Betonpiste, die zwar nass, aber durchaus nicht aufgeweicht ist, wie es nun mal in der Natur des Materials liegt, endlich um 11.25 Uhr in Irkutsk zum Stehen kommen. Hier regnet es immer noch.

Ust-Orda sucht man auf den gängigen Landkarten der Sowjetunion vergeblich.

Das Grab am Baikalsee

oder »Sie können sich Listwjanka ja mal ansehen!«

Es regnet. Bleiernes Grau liegt über dem so überschwänglich im Reiseführer gepriesenen Baikalsee. Wasserfläche und Horizont gehen konturenlos ineinander über. Der See verhüllt seine Schönheit, seine Klarheit, sein viel gerühmtes tiefes Blau unerbittlich vor uns, die wir heute einen Abstecher hierher gemacht haben. Kalt ist es nicht.

An der engsten Stelle, hier, wo er die Angara entlässt, treten die hohen Berge dunkel und drohend hervor. Einsam die Buchten, verlassen die vereinzelten Hütten. Hier und da ein Fischer am weiten Ufer. Es regnet unaufhörlich. Laut Programm haben wir noch eineinhalb Stunden zur freien Verfügung.

An der südöstlichen Seite des Sees lassen zwei Bergrücken eine Öffnung, ein kleiner Bach plätschert gemächlich und in vielen Windungen tal- und seewärts. Beiderseits eine Wiese in kräftigen bunten Farben, eine Blumenwiese, wie wir sie im übersiedelten, umweltgeschädigten Deutschland nur noch selten finden können. Sogar den »Türkenhut« entdecke ich hier. Dunkelbraune Holzhütten schmiegen sich links an den Berghang. Blaue Fensterläden mit Schnitzwerk, eine überdachte Eingangstür, jedes Gärtchen um die Datscha herum von einem hohen Staketenzaun eingefasst.

Jenseits des Baches ragen aus Strauchwerk und Büschen die goldenen Kuppeln einer kleinen Dorfkirche. Weithin sichtbar das russisch-orthodoxe Doppelkreuz. Eine kleine Anhöhe schützt die Kirche vor der Eis- und Schneeschmelze. »›Listwjanka‹ heißt das Dörfchen«, informiert uns Jelena. »Es ist ein typisches sibirisches Dorf, so, wie sie hier am Baikal alle sind. Die etwa 600 Einwohner leben vornehmlich vom Fischfang und der Waldarbeit.« Nicht hinzugefügt wird, dass Listwjanka wie alle Ansiedlungen hier einst entstanden ist für die Verbannten, die Strafversetzten, die Zwangsarbeiter. Die Einheimischen Sibiriens, die Burjaten und Jakuten und wie die Stämme alle heißen, sie sind Nomadenvölker, die mit ihren Tieren weiterziehen, in Zelten leben. Dörfer dieses Charakters und in dieser Lage sind eindeutig den Verbannten zuzuordnen, so erfahren wir von unserem deutschen Reisebegleiter, nicht von Jelena. »Wenn's Ihnen nicht zu feucht ist, können Sie sich Listwjanka ja mal ansehen!«, regt sie an.

»Feucht« ist untertrieben formuliert. Nass ist es von oben her und von unten. Der schmale Weg durch die Wiese entlang des Bächleins ist aufgeweicht, es quietscht unter unseren Füßen. Nun ja, die Schuhe trocknen später im Bus wieder! Wir schwärmen daher aus, zunächst bachaufwärts, die kleine Kirche lockt.

Sie ist gestaltet wie alle anderen russischen Kirchen: an den Wänden rundherum Ikonen von Heiligen, im oberen Teil des Innenraumes ein schmales Fensterband. Helligkeit bewirken nur die vielen Kerzen.

Ein altes Mütterchen in einer Nische möchte Andenken, Bildchen, Ikonen, nachempfundene natürlich, verkaufen.

Wir begnügen uns mit ein paar Kerzen, Ute und ich. Die Alte steckt sie ernst und schweigend für uns in einen Ständer und zündet sie vor einer Ikone an, den Heiligen darauf kenne ich leider nicht. – Der Atmosphäre hier in der stillen Dorfkirche kann ich mich nicht entziehen. Dankbarkeit erfüllt mich, Ruhe. Auch den anderen Besuchern muss es so ergangen sein, denn anschließend draußen sind die Gesichter entspannter, die Stimmen leiser, und auch der vorher wortstark bemängelte Regen stört nicht mehr.

Wir folgen den anderen über einen kleinen Holzsteg, der uns hinunter ins Dörfchen führt, das sich jenseits des Baches hangwärts anschließt. Spielende Kinder überfallen uns auch hier: »Kaugummi! – Kugelschreiber!« Ute kramt aus ihrer Manteltasche einen der letzten Stifte hervor. Als Gegengeschenk bekommt sie von einem kleinen Jungen ein paar Wiesenblumen in die Hand gedrückt. Sie ist ganz gerührt und behält die Blumen, obwohl wir sie im Grunde nicht gebrauchen können, in der Hand.

Auf dem Wiesenstück vor uns, auf dem mehrere lange Baumstämme verstreut liegen, grasen einige Kühe. Die Tiere laufen frei herum, einige folgen uns bei unserem Gang durchs Dorf und fressen hier und da etwas Nahrhaftes am Zaunrand.

Ute weist den Hügel hinauf: »Von der Kirche aus habe ich dort oben auf der gegenüberliegenden Seite einen kleinen Friedhof gesehen. Ich bin da ganz sicher. Wir müssen nur erst wieder aus dem Dorf herauskommen.« Zielstrebig schreitet sie auch schon los. »Was sollen wir denn auf dem Friedhof?« – »Friedhöfe finde ich immer interessant. Sie geben vor allem Aufschluss über die Menschen, die noch leben, komm!« –

Sie läuft, als kenne sie den Weg; ich folge ihr gemächlich. Eigentlich habe ich gar keine Lust dazu, weder zu solcher Eile noch zu dem immer steiler werdenden Anstieg. Eine der Kühe, die mir zu meinem Unbehagen ständig auf den Fersen gefolgt ist, lässt sich mit einem lauten Platsch direkt hinter mir vor dem Eingang zu einem kleinen Holzhaus nieder. Ich fahre herum. Da liegt sie, offensichtlich »wohnt« sie da.

Das Gärtchen um die Datscha herum ist sorgfältig gepflegt. Man hat Kartoffeln angebaut, Bohnen, Gewürze. Unter dem Holzvordach ist Brennholz gestapelt, viel, viel Holz, sogar dort unter dem Dach des angrenzenden Schuppens. Ich lasse mir Zeit.

An der Grenze zum Weg hin entdecke ich einen Ziehbrunnen, über dem ein spitzes Holzdach das Wasserloch schützt. An der aufgewickelten Kette baumelt der Zinkeimer in sanften Bewegungen hin und her. Eine Idylle für meine westlichen Städteraugen! Zurückversetzt um Jahrzehnte, Jahrhunderte, lebende Vergangenheit. Der Blick auf die Datscha holt mich zurück: die Muster der gehäkelten Gardine vor dem kleinen Fenster, der Schlitten hinter dem Haus ….

»Sibirien!«, sage ich laut.

Ute, bereits weiter oben, dreht sich um, ruft: »Hast du was gesagt?«, und drängt: »So komm doch endlich! Von hier oben hat man einen herrlichen Blick auf den Baikalsee. Und den Friedhof kann ich auch schon sehen. Es geht nur noch ein kleines Stück bergauf.« – Ich winke ihr zu. Ich habe wirklich keine Lust, so rasch auf den Friedhof zu kommen.

Dann folge ich ihr allerdings doch. Und nach ein paar Schritten stehe ich auf der Kuppe, von wo aus es in Serpentinen wieder hinab zur Uferstraße geht.

Da liegt er, der Baikal. Die gegenüberliegenden Berge sind immer noch von Regenwolken verhüllt. Das »Baikalmeer«, der Vater aller Seen! So tief, dass alle Ströme der Erde sein Becken nicht in einem Jahr mit ihrem Wasser füllen könnten, so heißt es. Endlos dehnt sich das Wasser, das Auge stößt ins Leere. Leicht gekräuselt zeigt sich heute seine graugrüne Fläche, ein paar weiße Spielzeugboote bündeln hinter sich tiefe Spuren, die dann weitläufig zerfließen.

Ute wartet auf der Höhe vor dem Friedhofseingang. »Schau mal«, sie hebt von einem Abfallhaufen am Eingang rote Plastikblüten auf. Weiße und rote Plastikrosen mit grellgrünen Blättern als letzter Gruß den Toten am Baikalsee.

Wir zwängen uns durch das Holzgatter und ziehen es, der Kühe wegen, hinter uns sorgfältig zu. »Das sieht ja aus, als wären Kinderlaufgitter hier um die Gräber aufgestellt!«, ist mein erster Eindruck. Mal sind es Doppelgräber, mal Einzelgräber, die alle mit weiß gestrichenen Eisengittern eingefasst sind, gut brusthoch und vorn jeweils durch ein winziges Eisentörchen begehbar. Die Grabsteine sind unterschiedlich gestaltet: die Inschrift zwar überall in gedruckten kyrillischen Buchstaben, doch die einen mit dem russisch-orthodoxen Doppelkreuz, die anderen mit dem roten Stern von der Gesinnung der Bestatteten oder deren Angehörigen Zeugnis ablegend.

Unvermittelt haftet mein Blick an den Lebensdaten auf dem Stein direkt vor mir: geboren Januar 1988, gestorben Dezember 1988, ein Kind, ein Säugling, noch kein Jahr alt. Die Grabstelle ist liebevoll mit den üblichen Plastikblumen geschmückt, links vom Namen der rote Stern. Dem Namen? – Ich buchstabiere. Wieder und wieder setze ich die Buchstaben zusammen. Irre ich? – Noch einmal … Ich rufe nach Ute. Großbuchstaben zu lesen, das hatte sie schnell auf unserer Reise gelernt. Kein Zweifel! »FUHRMANN« steht dort in kyrillischen Großbuchstaben. Ein deutscher Name! Der Mädchenname meiner Mutter, von deren Vorfahren ich nur weiß, dass sie »aus dem Osten« gekommen sind, wo auch immer der gelegen hat.

»Wenn im vergangenen Jahr hier ein nicht einmal einjähriges Kind dieses Namens begraben worden ist, dann …« Sie deutet an, was mir im Kopf herumgeht und beugt sich weit über das weiße Gitter. Nun liegt das Sträußchen mit den Wiesenblumen auf dem Plastikschmuck.

Hier in Listwjanka am Baikalsee? Ich bin verwirrt. Vielleicht ist es eine absolut zufällige Namensgleichheit, und außerdem – der Name ist schließlich weit verbreitet.

Und überhaupt … Es bewegt mich die ganze Zeit unserer Rückfahrt nach Irkutsk, eine Familie mit deutschem Nachnamen hier am Baikalsee in Sibirien gefunden zu haben, ja mehr noch: mit einem Namen aus meiner Familie!

Erst am Abend im Hotel kann ich davon sprechen. Unser deutscher Reisebegleiter, der sehr gut russisch spricht, bietet mir an, am nächsten Tag noch einmal die 70 Kilometer hinauszufahren, um mit mir im Dorf Listwjanka nach der Familie FUHRMANN zu forschen.

Doch ich will nicht. Irgendetwas in mir weigert sich. Ich bin mir selbst ein Rätsel. Vor irgendetwas fürchte ich mich. Mein Bedarf an mysteriösen Begebenheiten oder Zufällen ist gedeckt.

Stattdessen nehme ich mir vor, zu Hause kyrillisch schreiben zu lernen ... Und weitere Sprachstudien zu treiben ... Und dann, später einmal, werde ich von Deutschland aus einen Brief schreiben an Herrn und Frau FUHRMANN in Listwjanka am Baikalsee.

Ganz bestimmt. – Irgendwann. – Vielleicht.

Picknick in der Taiga

oder »... dass ich so traurig bin«

Der Tisch im Blockhaus biegt sich. Alles, was Küche und Keller des gesamten weiten Landes zu bieten haben, ist hier mitten in der Taiga aufgefahren. – Intourist macht's möglich. –

Armenischer Rotwein, Fisch aus dem Baikalsee, Hähnchen aus dem Nachbardorf, Fladenbrot aus Aserbaidschan, schwarzes Roggenbrot aus Moskau, gebratener Hammel aus Usbekistan, Mineralwasser aus der Ukraine (oder ist es Moldawien?), Weißwein aus Georgien, Reis aus Turkmenistan ... Wer soll das alles nur verzehren? – Wie ist das hier nur mit der Versorgungslage der Bevölkerung in Einklang zu bringen?

Die Fülle des Landes für gute westliche Devisen frisch auf den Tisch, diesen rohen, gescheuerten Holztisch, in einer Datscha fern jedes Dorfes irgendwo in der Taiga!

Unser Staunen hat sich bald gelegt. Man greift zu. Man kostet hier und mal da, lässt auch stehen, wenn's dem westlichen Gaumen nicht so genehm ist, spült aber mit dem köstlichen Wein, mal weißem, mal rotem, hinunter, was hinunter soll. Noch ein Glas starken mongolischen oder lieber chinesischen Tee? Und noch immer so viele ungeöffnete Weinflaschen! Zur besseren Bekömmlichkeit zwischendurch ein Gläschen Wodka oder auch zwei.

Die Stimmung an dem langen rustikalen Tisch steigt, lauter wird das Gelächter. Die Stimmlage einiger anwesender Damen schraubt sich in schwindelerregende Höhen. Jede Bemerkung aus der Gruppe wird bejubelt. Was verstehen wir uns alle doch so gut! Unsere russischen Begleiterinnen Jelena und Natascha, eine Studentin aus Irkutsk, die im Umgang mit uns ihre Sprachkenntnisse verbessern möchte, lassen sich keine Reaktion anmerken.

Wir vier ohne männliche Begleitung reisenden Frauen (Ute und ich haben uns mit zwei anderen angefreundet), alle vier sind wir Lehrerinnen, das verbindet, halten uns aus gutem Grund an das Mineralwasser und organisieren uns mithilfe des deutschen Reisebegleiters die gewünschten Flaschen. Denn es ist warm heute, so um die 25 Grad Celsius, es ist erst Mittagszeit. Jetzt schon Alkohol, das glauben wir nicht zu verkraften, zumal noch eine Busfahrt nach Irkutsk ansteht.

Es wird uns zugeprostet: »Ihr vier, ihr müsst mit uns anstoßen, ein Gläschen Wodka hat noch nie geschadet.« Nun gut, wir füllen unsere Schnapsgläschen mit Mineralwasser, was ja nicht auffällt (Wodka heißt nicht umsonst »Wässerchen«) und stoßen an. Der kleine Trick bleibt unbemerkt.

Alfred, unser Kriegsveteran, der nach dem Zweiten Weltkrieg lange in russischer Gefangenschaft war, läuft zur Hochform auf: »Jetzt muss gesungen werden!« – Das richtige Stichwort für Elfriede am hinteren Ende des Tisches.

Sie trällert los, was sich an Liedgut aus den BDM-Zeiten festgesetzt hat ... und 2. Strophe und 3. Strophe und nun noch die 4. Schon bei der 2. Strophe waren die kräftigen Männerstimmen ausgefallen. Doch Elfriede ist unschlagbar. Alfred ist begeistert. Darauf muss angestoßen werden! Er fordert mehr. Es haben nicht alle mitgesungen. »Die vier Lehrerinnen da hinten, die müssen doch singen können. Zu meiner Zeit haben gerade die Lehrer für die Verbreitung des deutschen Liedgutes gesorgt!« Wir enttäuschen ihn. Vielleicht sind wir für diese Texte zu jung? »Was ist das nur für eine Zeit, in der nicht mal mehr die Lehrer unsere Volkslieder singen können?« – Seine Stimme wird nun immer aggressiver.

Peter holt seine Gitarre und intoniert ein russisches Volkslied: »Kalinka«. Jelena und Natascha, die Studentin, singen den russischen Text, wir den Refrain auf Deutsch. Dann leitet er über zu »Abendglocken«, dann »der rote Sarafan«. Die Situation scheint gerettet. Jetzt müssen die Kehlen aber wieder geschmiert werden, also entkorkt Alfred eine neue Flasche Roten, eine Geschichte folgt: »Als wir damals vor Sewastopol …« – »Alfred, das ist lange her, komm, lass uns lieber anstoßen!« Peter rettet wieder die peinliche Situation. Was um Himmels willen sollen nur Jelena und Natascha denken?

Alfreds gerötetes Gesicht wendet sich uns wieder zu: »So, jetzt sind aber die Lehrerinnen dran! Ihr kennt doch wohl: »Wie oft sind wir geschritten …« – Schweigen. – »Oder, Wildgänse rauschen …« Wir verweigern uns noch immer. »Warum ist es am Rhein so schön?« – Nur das nicht! Nicht hier und nicht jetzt! Ute flüstert mit Peter. Er beginnt: »Sag mir, wo die Blumen sind, wo sind sie geblieben?« – Es reicht sogar für fast alle Strophen, doch so etwas will man nicht hören. Eine Schimpfkanonade ergießt sich über uns, Tumult entsteht. Peter lenkt ab, gießt Alfred noch einmal ein, der stürzt den Rotwein hinunter. Die beiden jungen Russinnen machen gute Miene zum bösen Spiel, auch sie trinken ihm nach einem Glas Wein jetzt mit Mineralwasser zu. Böse stiert er uns an »Und so was wollen Lehrerinnen sein! Wir sind euch wohl nicht gut genug! Wir haben damals vor Stalingrad für euch die Kastanien aus dem Feuer geholt …!« –

Natascha beugt sich jetzt zu Peter hinüber, der greift wieder zur Gitarre. Ihre weiche Altstimme erklingt, erst ein wenig zittrig, dann nach der zweiten Zeile des Liedes sicher und fest: »Sah ein Knab ein Röslein stehn, Röslein auf der Heide …« Sie trägt den vollständigen deutschen Text mit ihrem hübschen russischen Akzent vor bis zur letzten Strophe, wir deutschen Touristen begleiten sie verhalten. Danach singt sie weich und gefühlvoll das Heine-Lied: »Ich weiß nicht, was soll es bedeuten, dass ich so traurig bin …«

Alfred legt den Kopf auf den Tisch und weint.

Uns bleibt ein schaler Nachgeschmack. »Haben wir ihn vielleicht nicht richtig verstanden?«, geht es mir durch den Kopf. »Oder ist es einfach der gewaltige Alkoholkonsum, der ihn nun zusammenbrechen lässt?«

Dieses Picknick hat er jedenfalls überhaupt nicht verkraftet, weder körperlich noch seelisch. Es war wohl in jeder Hinsicht zu viel gewesen für ihn. Die Rückfahrt im Bus gestaltete sich für alle Beteiligten zur Tortur, und danach bleibt Alfred den Abend und auch den ganzen nächsten Tag zurückgezogen auf seinem Hotelzimmer und hat auch niemandem die Zimmertür geöffnet.

Wieder gesehen haben wir ihn erst auf dem Bahnsteig von Irkutsk, als wir unsere Abteile in der Transsibirischen Eisenbahn zugewiesen bekommen.

Im Haus der Marija Walewskaja

oder »Leise flehen meine Lieder ...«

»Hättet Ihr Interesse an einem Konzert?« Peter setzt sich zu uns an den Tisch. »Morgen Abend wird im Dekabristenhaus ein Konzert mit klassischer Musik gegeben. Ist im Programm aber nicht enthalten, kostet also 20 DM, in Devisen, versteht sich.«

Die anderen Damen an unserem Tisch runzeln die Stirn. Klassische Musik? Ach, besser nicht, und vor allem nicht schon wieder Programm! Lieber bevorzugen sie einen Abend zur freien Verfügung. Ich schaue fragend zu Ute hinüber. Sie weiß um meine Vorliebe für klassische Musik, die ihr nun weniger liegt. Eigentlich geht sie kaum in Konzerte, doch sie nickt: »Dir zuliebe.«

Nur wenige devisenbringende Touristen sitzen denn auch am Montagabend im Bus, der uns zum »Haus der Dekabristen« bringt: ein paar Engländer, ein älteres belgisches Ehepaar, mehrere Schweizer, Jelena und Peter, die beiden Reiseleiter, und wir beide. Ich erwartete einen Konzertsaal oder eine Art sowjetischen Kulturpalast unter dem Namen »Dekabristenhaus«. Doch weit gefehlt.

In einer schmalen, unasphaltierten Straße werden wir in ein altes ganz aus Holz konstruiertes Haus geführt, einer Villa mit seinen verschnörkelten Säulen und Fensterverzierungen sehr ähnlich. Seitlich geht es eine kunstvoll geschnitzte Holztreppe hinauf. Dann stehen wir in einem großen, leeren Raum, an den Wänden einige alte Gemälde, Portraits im Stil des 19. Jahrhunderts, in einer Ecke ein aufwändig gearbeiteter raumhoher Kachelofen, knarrende glänzend gewachste Holzdielen unter unseren Füßen. Es muss ein Durchgangszimmer sein, denn hohe doppelflügelige Türen führen an jeder Wand in weitere Zimmer. Wie so oft stehen wir und warten.

Es erscheint ein Herr in dunkelgrauem Tuchanzug, er stellt sich vor. Jelena übersetzt: »Willkommen im Hause der Maria Walewskaja.« Er ist der Direktor dieses kleinen Museums, so erfahren wir, das der Frau des Fürsten Walewskij im 19. Jahrhundert nach langen Entbehrungen einst als Wohnhaus zugestanden worden war. Wir folgen ihm, verwundert und etwas ratlos, aber auch interessiert, durch die Wohnräume. Weniges ist geblieben von dieser Frau, über die der Direktor in Hochachtung und deutlicher Verehrung spricht. Aus jedem Wort, jeder Geste liest man seine tiefe Bewunderung, ja Faszination, wenn er den Belgiern und Schweizern zuliebe in fließendem Französisch aus dem Leben dieser Maria Walewskaja erzählt und dabei erläuternd mal ihr Nähkästchen zeigt oder ihren Schreibsekretär, an dem sie Briefe an Freunde und Verwandte im fernen Russland geschrieben hatte. Einige frühe Daguerrotypien, im oberen Stockwerk unter Glas gezeigt, lassen bei günstigem Lichteinfall auf den Metallplatten ihr Konterfei und das einiger Dekabristen erkennen. (Auch der Franzose Daguerre gehörte zu ihrem Freundeskreis, was diese Aufnahmen erklärt.)

Sie war eine schöne Frau, auch nach unseren heutigen Maßstäben, er braucht es gar nicht zu betonen, erstaunlich jung im Vergleich zu den abgelichteten Männern, die dem Betrachter ernst und vollbärtig entgegenblicken. Hat sie das harte Schicksal der Verbannung und Zwangsarbeit so altern lassen?

Denn hart und schrecklich war die Strafe, die der Zar über die adeligen Revolutionäre verhängt hatte, als sie in Russland im Dezember des beginnenden 19. Jahrhunderts ihre liberalen Gedanken in die Tat umsetzen wollten und dabei zunächst unbeabsichtigt eine kurz während Revolution hervorgerufen hatten, die beinahe zum Sturz des Zarenregimes geführt hätte. Viele junge Adelige der höchsten Familien waren darin verwickelt gewesen, ihre Hauptanführer waren hingerichtet worden, alle anderen traf das furchtbare Los: Verbannung nach Sibirien!

Eine der ersten Frauen, die ihrem Mann in die Verbannung gefolgt war, das war diese Maria Walewskaja, »der Engel Sibiriens«, wie er sie bezeichnet. Nur wenige Frauen waren ihrem Beispiel gefolgt, die anderen Ehen zerbrachen, denn »Sibirien«, das war Schande und Schmach für alle Angehörigen. Das waren Entbehrungen, Armut, harter Kampf ums Überleben für die Männer wie erst recht für die Frauen, die auf allen Schultern trugen: Sie mussten den verzweifelten, in körperlicher Arbeit ungeübten Ehemännern den Lebensmut geben, sie bauten Nahrung an, gebaren die Kinder, unterrichteten diese und sorgten, wie im Fall der Walewskaja, auch noch für die Bildung und Erziehung aller Kinder, besonders aber der unterprivilegierten Mädchen von Irkutsk.

Man sagt ihr nach, Kunst, Musik, ja Kultur jedweder Art mit Unterstützung des ihr wohl gesonnenen Gou-

verneurs hierher gebracht zu haben. Unser Museums-
führer spricht, als sei er ein Zeitzeuge, engagiert und
wohl informiert.

Wir aber sind eingestellt auf ein Konzert, ein klassisches,
wohlgemerkt. Schön und gut, diese Frau war musiklie-
bend, hatte eine hervorragende ausgebildete Stimme, wie
wir erfahren. Sie habe hier in diesem Haus oft Konzerte
veranstaltet. Was hat das aber mit uns zu tun? Inzwischen trete ich von einem Bein aufs andere. Seit mehr
als einer Stunde übersetzt unsere arme Jelena simultan
seine Ausführungen. Eine Glanzleistung bei so viel ge-
schichtlichem Hintergrund!

Schließlich werden wir in einen Salon geführt. Mehrere
Stuhlreihen sind hintereinander angeordnet mit Blick-
richtung auf ein kleines Klavier an der Wand gegenüber. Rechts von einem einzelnen Stuhl befindet sich ein
Notenständer. Wir nehmen Platz und warten auf das
Orchester.
Der Museumsdirektor erscheint und zündet die Kerzen in den Wandkandelabern an. Warmes Licht erhellt
den bereits dämmrigen Raum. Er verschwindet hinter
einer der hohen Türen und – nichts geschieht. Auch die
befragte Jelena ist nicht darüber informiert, wie es nun
weitergehen wird.

Nach wiederum einigen Minuten erscheint unser Museumsdirektor erneut, verbeugt sich und lädt uns ein,
teilzunehmen am Konzert im Haus der Maria Walewskaja.

Und nun bekommen wir genau die Musikstücke dargeboten, die hier zu ihrer Zeit so oft gespielt wurden, Musik, die ihre einzige Erinnerung war an ihr früher glanzvolles Leben in Moskau und St. Petersburg. Das wichtigste Instrument war dabei ihr Piano. Sie hatte es auf ihrem Schlitten im Winter Anfang des 19. Jahrhunderts die mehr als 5000 Kilometer hierher bringen lassen.

Zu unserer großen Überraschung setzt sich nun der Museumsdirektor an dieses Piano uns gegenüber und spielt.

Und er spielt uns in eine nie geglaubte Verzauberung hinein: »Glinka« spielt er, Variationen über ein russisches Volkslied. Virtuos und einfühlsam gleiten seine Finger über die Tasten. Eine Frau betritt den Raum, eine Altistin, wie er uns informiert, die uns nun als besondere Darbietung Marias Lieblingslied singt. Ihr Zeitgenosse Franz Schubert hat es in ferner Welt komponiert. Schuberts Motiv war das Leid, das Liebesleid. »Leise flehen meine Lieder ...«, zieht es durch den Raum. Und das Leiden und Sehnen, das gewiss mehr als nur Liebesleid für sie war, es überträgt sich, springt über auf uns Zuhörer, die wir hier und heute fremd aus fernem Land auf dem Piano einer Verbannten dieses Lied hören. Gegenwart und Vergangenheit verschmelzen, Zeit und Raum verwehen.

Ich bin nur noch Sehnsucht, Verlassenheit, Traurigkeit. Erst spät merke ich, dass mir die Tränen über das Gesicht laufen. »Leise flehen meine Lieder, durch die Nacht zu dir ...« Auch die anderen Zuhörer können sich nicht der Dichte des Augenblicks entziehen, verstohlen werden Taschentücher gezückt, Brillen abgesetzt, Augen abgetupft.

Peter hat zu meiner Überraschung auf seinem Kassettenrecorder das ganze Konzert aufgenommen und mir am Ende unserer Reise eine Kopie davon geschenkt.

Auch heute noch nimmt mich der Zauber dieser Stunden wieder gefangen, wenn ich der Aufnahme dieses Konzerts lausche.

Dann kann ich jedes Mal wieder Gast sein im Salon der Maria Walewskaja in Irkutsk in Sibirien am Ende des 20. Jahrhunderts.

Sibirien

Sibirien ist silberne Bänder zeitloser Ströme
im Schwarz-Grün unendlicher Wälder,
ist Atem voll Fichtenduft.

Sibirien ist verloren – vergessene Hütten
auf braun-roter Erde,
ist endloses Schauen im Sommer.

Sibirien ist Berge und Birken,
ist Beeren und Blumen,
ist Baikal grenzenlos.

Schmal der Pfad, auf dem der Mensch sich bewegt.

Tschulimskaja, irgendwo in Sibirien

oder »Es ist, wie es ist«

Kefir steht auf dem hübsch gedeckten Abendesstisch. Als kalte Vorspeise gibt es Tomaten- und Gurkenscheiben. Gewürzt wird nach eigenem Geschmack mit Salz oder Pfeffer. Danach serviert uns die Bedienung Hühnerbrühe mit Einlage, gefolgt von Hähnchen mit Reis. Als Dessert bekommen wir Kuchen, klebrig und süß. Limonade, grün oder gelb, und Mineralwasser stehen auf unserem mal mehr, mal weniger schwankenden Tisch.

Wir sitzen im Speisewagen des »Baikal-Express« auf dem Rückweg von Irkutsk nach Moskau. Anfangs bereitete uns das Eingießen wegen des starken Schwankens unseres Zuges große Probleme, doch nun, am Mittwoch, dem zweiten Abend unserer Fahrt mit der »Transsib«, gelingt es uns fast ohne etwas zu verschütten. Auch das Teeglas mit dem heißen starken russischen Tee führe ich gekonnt nach anderthalb Tagen Fahrt zum Mund.

Laut Reiseplan werden wir am frühen Nachmittag des kommenden Freitags die 5181 Kilometer Bahnstrecke bewältigt haben und dann noch 24 Stunden Zeit haben für die Sehenswürdigkeiten in Moskau, für die am Anfang der Reise die Zeit einfach nicht gereicht hatte, so z. B. eine Führung durch Teile des Kreml, soweit er für Touristen geöffnet ist.

Erfreulicherweise steht der Zug jetzt, wodurch das Essen erheblich erleichtert wird. Ein Blick aus dem Fenster des Speisewagens zeigt nichts Nennenswertes an. Nowosibirsk haben wir, so schätze ich, seit gut drei Stunden schon hinter uns gelassen. Doch das Zeitgefühl ist mir inzwischen fast gänzlich abhanden gekommen, denn während unserer Rückfahrt hier im Zug überschreiten wir tagtäglich die Zeitzonen. Die Tage werden auf diese Weise länger und länger. Das spüren wir am stärksten, je länger unser Magen auf die nächste Mahlzeit warten muss, die ja die hauptsächlichste Abwechslung darstellt, neben dem Halt auf den großen Bahnhöfen, versteht sich. Ich habe es aufgegeben, Zeit innerlich nachvollziehen zu wollen. Stattdessen stelle ich einfach meine Uhr so, wie es Jelena vorgibt, mal eine, mal zwei Stunden zurück. Auf den Bahnhöfen wird ohnehin nur Moskauer Zeit angezeigt, was natürlich die Zeitverwirrung erst recht verstärkt.

Nun, nach dem Abendessen, plaudern wir und scherzen. Peter schlägt vor, doch endlich mal wieder zu singen. Er will auch sogleich seine Gitarre holen, doch er stößt auf keine Resonanz, man wird träge in der transsibirischen Eisenbahn.

Ich schaue aus dem Fenster: Auf dem kleinen Bahnsteig und sogar auf dem Gleis zwischen ihm und unserem Zug tummeln sich Reisende! – Merkwürdig, so ein Verhalten ist sonst nur auf den großen Bahnhöfen üblich, wo jeder die Aufenthaltsdauer genau kennt, nämlich exakt 15 Minuten zum Selbstversorgen mit den »produkti«, die von Bauersfrauen in alten Kinderwagen angeboten werden:

Knoblauch, saure Gurken, geputzte Möhren, Gläser mit Eingemachtem, sogar große Sträuße mit Gladiolen habe ich auf dem Bahnhof von Nowosibirsk entdeckt und mich gefragt, was Reisende im Zug damit wohl anfangen sollen.

Offensichtlich fürchten unsere »einheimischen« Mitreisenden nicht, unser »Baikal-Express« könne ohne sie weiterfahren.

Der große Schäferhund aus dem Nachbarwaggon jagt zwischen den ausgestiegenen Kindern umher, sie spielen Fangen, froh, sich endlich nach Herzenslust bewegen zu können. Manche der Kleinen sind schon im Schlafanzug, die jeweiligen Mütter, Väter oder sonstige Begleiter tragen die übliche Transsib-Bekleidung, den Trainingsanzug. Die beiden Kleinen aus unserem Nachbarabteil spielen mit den Luftballons, die ich ihnen geschenkt hatte. Niemand nimmt Anstoß an der Aufschrift, die Werbung für eine westdeutsche Partei macht. Sie fangen und spielen mit großem Vergnügen. Und wir schauen lächelnd zu.

Warum wir wohl immer noch stehen? – Das Abendessen ist längst vorüber! Anderthalb Stunden sind es inzwischen gewiss.

»Wie heißt eigentlich dieser Ort?«, fragt jemand aus unserer Reisegruppe. Langsam entziffere ich die verblichenen Buchstaben an der Wand des kleinen Bahnhofsgebäudes: TSCH – U – LIMS - KAJA, so steht dort in kyrillischer Schrift, ja, TSCHULIMSKAJA; so heißt es wohl.

Zurück im Abteil vertreibt sich jeder die Zeit auf seine Weise. Ute zieht sich nach oben in ihre Koje über mir zurück und späht nur ab und zu zwischen den weißen Gardinchen am Fenster unseres Abteils hinaus, das wir uns mit den beiden anderen allein reisenden Lehrerinnen, Dagi und Ulli, teilen. Ulli hat das Bedürfnis nach »Hausputz« und wischt gründlich Staub. Ich versuche zu lesen, kann mich aber nicht richtig konzentrieren, denn wir stehen immer noch. Das beginnt mich nervös zu machen, also auf, Kontakt suchen auf dem Gang!

Unser russischer Nachbar aus dem Nebenabteil, ich nenne ihn insgeheim »Wladimir«, wandert unruhig auf und ab. Wir wechseln ein paar belanglose Sätze auf Russisch, und ich bin ganz stolz, dass er mich überhaupt versteht. Plötzlich winkt er mich zu der großen Streckenkarte, die an einem der Abteile angebracht ist. Er fährt mit dem Finger die Eisenbahnstrecke, ausgehend von Irkutsk, entlang und hält an einem Punkt zwischen Nowosibirsk und Tatarsk. Ich verstehe. Hier etwa befinden wir uns, hier also liegt »TSCHULIMSKAJA«.

Wir stutzen beide, als über die beiden Gleise eine schnarrende Lautsprecherdurchsage schallt. Noch mehr Menschen verlassen daraufhin unseren Zug und eilen dem kleinen Bahnhofsgebäude zu. Ich bin gänzlich irritiert. Hier stimmt doch etwas nicht! Was ist denn bloß los? Zum Glück erwische ich unseren Peter. Er ist sich nicht ganz sicher, aber er glaubt verstanden zu haben, dass ab sofort für die Reisenden des Baikal-Express im Warteraum Videofilme gezeigt werden. Ratlos schauen wir uns an. Das kann ja wohl nur bedeuten, dass der Aufenthalt noch dauern wird.

Im nächsten Wagen treffen wir auf Jelena. Sie wirkt nervös und unruhig und ist offensichtlich genauso verunsichert wie wir. Irgendetwas muss passiert sein.

»Ich steige jetzt aus. Vielleicht kann ich im Bahnhof etwas herausbekommen. Mag jemand von euch mitkommen?« – Peter ist entschlossen, ebenfalls den Zug zu verlassen. »Sich die Beine zu vertreten, ist bestimmt angenehmer als hier drinnen immer nervöser zu werden«, versucht er uns zu überreden.

Also frage ich Ute, ob sie mitkommt. Tatsächlich, sie lässt sich ermuntern, und schon stehen wir auf dem Boden von TSCHULIMSKAJA.

Mein Blick geht nach vorne, den langen, langen Zug entlang. Weit draußen vor unserer Lok leuchten viele Lichter: grelles Blau an mehreren Signallampen vor dem dunkelroten Abendhimmel im Westen. Seltsam, rote, gelbe oder grüne Lampen habe ich im Bahnbereich schon öfters gesehen, aber blaue?

Energisch schreitet Peter dem kleinen flachen Gebäude zu. Durch die halb geöffnete Tür des »Wartesaales« ist ein mit Menschen zum Bersten gefüllter dunkler Raum zu erkennen, erhellt nur vom flimmernden Weiß einer Mattscheibe. Wir schieben uns durch die stehenden Menschen hindurch bis ganz nach hinten, wo wir ebenfalls eine Tür entdecken.

Draußen beginnt Peter mit einer Frau in blauer Uniform ein Gespräch. Ihre Mimik und Gestik lassen aber deutlich ihre Zugeknöpftheit erkennen. Achselzucken, erneutes Achselzucken, da braucht er uns gar nichts zu übersetzen. Sie weiß nichts.

Doch Peter lässt sich nicht so schnell abwimmeln. »Njet. Njet!« Sie weiß wirklich nicht, wie lange wir noch hier stehen werden. »Njet!« – jetzt sehr energisch, sie weiß erst recht nicht, warum wir hier diesen Aufenthalt haben. – Nein, sie weiß nicht, wann der Zug wieder abfährt!

Wir sind es leid und verlassen das Gebäude, um in den Ort zu gehen. Das ist natürlich streng verboten. Wir haben ja keine Aufenthaltsgenehmigung für TSCHU-LIMSKAJA, aber unser Russland-erfahrener Reiseleiter schreitet munter voran, also fassen wir beide uns ein Herz und folgen ihm mutig.

Sandboden. Einige erhöht verlegte Betonplatten als Gehweg entlang eines langgestreckten Lagerhauses. 500 Meter vor uns eine Straße parallel zur Eisenbahnstrecke. Jenseits der Straße ein zweistöckiges Backsteingebäude, vor dem gerade ein LKW anhält.

Das war's. Keine Wohnhäuser, keine Holzhütten, keine Gärten oder Wiesen, nichts als Sand, unendliche Weite und ein paar gekalkte Lagerschuppen.

Wir betreten das holprige und löchrige Kopfstein-pflaster. Plötzlich rast von Westen her ein Milizfahr-zeug heran, stoppt mit quietschenden Bremsen neben dem LKW. Zwei Männer in Uniform springen heraus. Ängstlich spähe ich zurück in Richtung Bahnhof, wenn jetzt der Zug anfährt …! Peter spricht einen der beiden Männer an. Ein kurzer heftiger Wortwechsel …, scheu-chende Handbewegungen, drohende Mienen.

Peter lässt sich nicht so schnell abschütteln. »Um Him-mels willen, was passiert denn jetzt?«, ich schreie auf und klammere mich an Utes Arm. »Was fuchtelt der denn mit der Maschinenpistole herum?« Peter hat of-fensichtlich kapiert, er rennt zu uns zurück. »Wir ha-ben sofort zurückzugehen. Hier dürfen wir uns auf gar keinen Fall aufhalten. Er sagt, wir sollten uns keine Gedanken machen, es würde alles geregelt, für alles gesorgt, uns ...« – »Aber was ist denn geschehen?« Mir rutscht das Herz immer tiefer. »Ein Unfall, irgendwo bei Tatarsk. – Mehr war nicht aus ihm herauszubekommen.«

Wir drehen um und spurten zurück zum Zug. Dort empfängt uns Jelena bereits besorgt an unserer Waggontür. Sie hatte unseren Alleingang beobachtet, aber nicht verhindern können. Wir nehmen reumütig und mit immer noch klopfendem Herzen ihre Vorwürfe hin. Schließlich ist sie dem staatlichen Reiseunternehmen gegenüber für uns verantwortlich. Mit Peter zieht sie sich zurück, ich möchte jetzt nicht in seiner Haut stecken!

Irgendwann ertönt wieder eine Lautsprecherdurchsage. Chaos entsteht auf Bahnsteig und Gleisen. Doch in kurzer Zeit ist das quirlige Durcheinander vorüber, alle Reisenden sind wieder im Zug. »Gott sei Dank. Gleich geht es endlich weiter.« Wir in unserem Abteil nicken uns zu, froh, diese Episode bald hinter uns zu haben, auch wenn wir alle nicht wissen, was die Ursache dafür war. Wie sagte Wladimir von nebenan? »Ihr Westleute wollt für alles eine Erklärung haben! Es ist eben, wie es ist.«

Und da, es ruckt, unser Baikal-Express setzt sich endlich, endlich in Bewegung.

Ich schaue aus dem Fenster, wie der Bahnhof von TSCHULIMSKAJA verschwindet. Doch was ist das? Im Gegensatz zu vorher sitze ich nun in Fahrtrichtung!

Jelena streckt den Kopf ins Abteil: »Es geht zurück. Richtung Nowosibirsk.« »Wie bitte? Etwa dahin, wo wir am Nachmittag schon gewesen waren? So gegen 16 Uhr?« Sie nickt nur. Was soll das nur? Warum? Wie weiter? Das weiß sie auch nicht.

Der pensionierte Studiendirektor ist ganz sicher, dass wir von da aus nach Moskau geflogen werden. »Das können die doch nicht mit uns machen. Wir können doch nicht einfach wieder zurückfahren! Also in Amerika vor zwei Jahren …« Seine Frau stimmt ihm lautstark zu: »Nie wieder fahre ich in dieses Land, hier geht es ja drunter und drüber. Und was das Schlimmste ist, man wird über nichts informiert. Das ist doch kein Zustand!« Ich wende mich ab.

»Wladimir« im blauen Jogginganzug winkt mich wieder zur Karte, er weiß anscheinend mehr. Sein Finger wandert zurück nach NOWOSIBIRSK, biegt dann ab nach Süden – das muss eine Nebenstrecke sein – durchquert die BARABA-EBENE Richtung BARNAUL über KARASUK und schiebt sich bei TATARSK wieder auf die ursprüngliche Transsib-Strecke zurück. Jetzt erst einmal tief durchatmen!

Ich rufe nach Peter, weil ich nicht glauben kann, was ich glaube, verstanden zu haben: Das wird ein Umweg von mindestens 700–800 km werden!

Doch kein Zweifel, genau das hat mir »Wladimir« mitteilen wollen, ein Missverständnis ist ausgeschlossen. Plötzlich durchzuckt mich eine Erinnerung. Das Pendel! Genau hier über der Baraba-Ebene in Kasachstan hatte vor meiner Abreise das Pendel über der Asien-Karte ausgeschlagen, dem Gebiet, das doch gar nicht zu unserer

Reiseroute gehört. Hier ist wieder die riesige beige eingefärbte Fläche auf der Landkarte! Mein Herz beginnt zu jagen. Ich schüttele den Kopf, versuche zu verstehen, was ich aber nicht verstehen kann: Was hat das alles zu bedeuten?

Verstört und verwirrt kehre ich in unser Abteil zurück. Das alles ist so mysteriös, da gibt es nichts mehr zu bereden. Müde und angespannt ergeben wir uns in unser Schicksal und beschließen einen Schlafversuch.

Unruhig wird diese Nacht. Immer wieder hält der Zug an und gleich darauf donnert ein entgegenkommendes Monstrum mit ohrenbetäubendem Getöse an uns vorbei.

Dass wir auf eine eingleisige Güterstrecke umgeleitet sind, die allerdings an mehreren Stellen Ausweichgleise hat, zeigen uns unsere ehemals weißen Gardinchen des Abteilfensters, unsere ehemals weißen Bettbezüge, die weißen Blütenköpfe der kleinen Margariten im Väschen auf unserem Tisch, sämtliche Ablagen und unsere Nasen am nächsten Morgen. Wir hätten das Fenster trotz der Wärme und schlechten Luft besser oben nicht einen Spalt geöffnet. Ruß! Schwarzer, öliger Staub, wohin wir greifen und schauen.

Bis in den späten Abend hinein ändert sich das Bild vor unserem Fenster kaum: Ebene, grenzenlose Weite, durch nichts unterbrochen. Kein Baum, kein Strauch, keine Erhebung, nichts, woran sich das Auge festhalten kann, lediglich im Laufe des Tages ein Wechsel der Farben durch den sich verändernden Sonnenstand. Und auch am Tag: Immer wieder steht der Baikal-Express, mal für Minuten, dann für eine halbe Stunde und länger. Der Güterverkehr hat Vorrang. Meine innere Anspannung lässt nicht nach. Was, wenn irgendjemand nicht weitergibt, dass unser Zug auf diesem einen Gleis fährt? In diesem Güterverkehrssystem sind wir doch die Eindringlinge! Was, wenn man den Baikal-Express zu früh vom Ausweichgleis auf die eingleisige Strecke schickt?!

Am späten Abend erreichen wir TATARSK, allerdings mit einer Verspätung von 25 Stunden.

Nunmehr unaufhaltsam rattert unser Zug gen Westen. Wir durchfahren flache Gebiete, in denen kilometerweit kahle Birken anklagend ihre völlig entlaubten Zweige zum Himmel strecken, werden von nur dürftig verkleideten Pipelines, die häufig genug leckgeschlagen ihren Inhalt auf die Erde entlassen, an unserer Bahnstrecke begleitet und niemand, der sich anschickt, an irgendeiner Stelle zu reparieren oder das ausströmende Erdöl aufzufangen. Sprachlos unser Entsetzen.

An diesen letzten drei Tagen erfahren wir hautnah, was Nahrungsmangel heißt. Hungern, nein, das müssen wir nicht. Doch zuerst fallen die Tomaten und die Gurken aus, dann verwässert unsere Hühnersuppe, bis sie zum Schluss nur noch Wassersuppe mit Reis wird. Das Geflügel besteht nur noch aus den Knochen, dazu gibt es Reis, Reis, Reis. Mittags und abends drei lange Tage Reis. Klar, wer unbedingt muss, wird auch von Reis satt. Doch nun erleben wir bewusst, wie sich alle Gedanken nur noch ums Essen drehen: »Kartoffeln.« »Mhm.« »Möhrengemüse.« »Köstlich.« »Salat!« »Grün und knackig!« – Und wieder: »Bratkartoffeln, Kartoffelpüree, Kartoffelsalat, Folienkartoffeln.« Es wächst sich zur fixen Idee aus. Nur nie wieder Reis mit Geflügel!

Irgendwann verlassen wir das flache Land, irgendwann schraubt sich unser Zug hinauf ins Gebirge, wo wir ganz oben anhalten und eine Wegmarke sehen: nach links ASIEN; nach rechts EUROPA; aber wirklich verinnerlichen kann ich die Bedeutung nicht.

Denn wir stehen eingekeilt zwischen Güterwaggons, deren Aufschrift »hochexplosiv« mich in Unruhe, ja Panik versetzt. Nur nicht nachdenken, nur nicht vorstellen, was passieren kann!

Statt fahrplanmäßig Freitagnachmittag 14.00 Uhr erreichen wir Moskau am Samstagabend 18.30 Uhr.

Mir tun besonders die Mädchen Leid, die den Schlafwagendienst ausüben und uns so freundlich aus dem ständig dampfenden Samowar mit schwarzem Tee versorgten, wann immer uns danach war. Sie müssen in zwei Stunden alles reinigen, alles in Ordnung bringen und ohne Freizeit wieder zurück. Denn die Rückfahrt aus Moskau erfolgt planmäßig um 21.00 Uhr zurück nach WLADIWOSTOK ans andere Ende des Kontinents.

Im Hotel stürzen wir uns auf die Zeitungen. Doch Fehlanzeige. Wir erhalten auch hier keine Aufklärung über das, was auf unserer Strecke eigentlich geschehen ist, was die Ursache für unseren weiten Umweg war. Unsere »einheimischen« Mitreisenden schien das alles ohnehin nicht sonderlich beunruhigt zu haben. »Wladimir«, völlig verändert im dunkelblauen Einreiher mit weinroter Krawatte, elegantem Koffer und schwarzer Aktentasche, hat zum Abschied gewunken und nur noch einmal die Achseln gezuckt: »Es ist, wie es ist.« –

Vom Kreml und seinen Schätzen haben wir leider nichts mehr zu sehen bekommen. »Intourist« stellte uns als Entschädigung allerdings viele farbige Fotos von dessen Inneren und Äußeren zur Verfügung, sodass wir erahnen konnten, was uns entgangen war. Denn am nächsten Morgen ging unser Flieger zeitig nach Düsseldorf zurück.

Daheim in Deutschland, so erfuhr ich nach meiner Rückkehr, haben die Westfälischen Nachrichten am 21.07.1989 in einer kurzen Meldung berichtet, dass am Mittwochabend zwischen NOWOSIBIRSK und TATARSK auf der Transsib-Strecke ein Zug mit explosiver militärischer Fracht in die Luft geflogen ist.

Zwei Personen seien getötet worden, ein Passagier sei verletzt worden. Wie die amtliche sowjetische Nachrichtenagentur TASS gemeldet habe, ereignete sich das Unglück in der Nähe der südwestsibirischen Stadt NOWOSIBIRSK: Reparaturtrupps und eine Untersuchungskommission seien in das Gebiet entsandt worden. Die Strecke sei bis auf Weiteres gesperrt.

Zu dem Zeitpunkt hatte sich unser Baikal-Express ca. 15 Minuten vom Unglücksort entfernt befunden.

Nachwort: Was bleibt

Es ist, wie es ist.
Nichts muss sein, wie es ist.
Alles kann auch ganz anders sein.

Heute, im Jahre 2005, wäre eine solche Reise kaum möglich. Wie bekannt, ist die UdSSR auseinander gefallen, viele der von uns damals bereisten Sowjetrepubliken sind heute selbstständig, allerdings haben die Kaukasusstaaten Georgien, Armenien, Aserbaidschan ihre Grenzen gegeneinander abgeschottet.

Usbekistan ist ebenfalls selbstständig, aber unter seinem diktatorischen Regenten durchaus nicht frei und voll politischer Brisanz.

Russland hat Gorbatschow und Jelzin überlebt und beugt sich heute der Herrschaft und Macht von Putin.

Damals, 1989, glitt ich als West-Touristin, und das war eine besondere, eine herausragende Rolle in der kommunistischen UdSSR, vorüber an all den Sehenswürdigkeiten, den Städten, Landschaften und Menschen der Sowjetunion. Häufig waren die Begegnungen gepaart mit Unverständnis aus Unkenntnis, im günstigen Fall geprägt von Wohlwollen, im ungünstigen von typisch westlicher Arroganz, in jedem Fall aber belastet durch die Stummheit der Sprachlosigkeit, obwohl ich vorher zur Vorbereitung 6 Monate versucht hatte, die russische Sprache ein wenig sprechen und lesen zu lernen. Doch was ist das schon?

Dass man in Georgien georgisch spricht, hatte ich mir denken können, dass sie aber dort eine eigene Schrift haben, die keiner mir bekannten gleicht, mit einem Alphabet aus 33 Buchstaben, das bereits im 7. Jahrhundert v. Chr. entstanden ist, das erfuhr ich erst vor Ort.

Man schreibt in Armenien in anderen Schriftzeichen und wieder ganz anders in Aserbaidschan.

Mir blieb nur immer wieder, offen zu sein, zu sehen und zu lernen, während ich die so verschiedenen Länder und Völker in Windeseile erfuhr.

Das kleine Mädchen hat auf dieser über 28.000 Kilometer weiten Reise alles gefunden, wovon es geträumt hatte: die goldenen Kuppeln an Kirchen und Klöstern in Moskau, in den Städten entlang der Transsib und in den Dörfern Sibiriens. Es erlag dem Zauber des Orients in Samarkand und Buchara, dem der Seidenstraße, der Faszination der Wüsten Karakum und Kysilkum.

Unübersehbar aber war mir jenseits der schönen Bilder der unbekümmerte Missbrauch der Natur. Beim Anblick der riesigen Gebiete entlaubter Birkenwälder am Rand der Transsib-Trasse, der Lecks in den Pipelines kilometerweit, aus denen ungehindert ununterbrochen das Erdöl herausströmte, stockte mir der Atem, da konnte ich nicht glauben, was ich doch vor mir sah.

Die gezielten Desinformationen von offizieller Seite, die Bedrohtheit im Land mit nächtlicher Ausgangssperre wie in Aserbaidschan, die Brutalität im Kampf um – wie auch gegen – die Freiheit und Selbstbestimmtheit 1989 z. B. in Georgien oder Armenien, das war die andere Seite der Medaille.

Was mir geblieben ist: Ich habe eine Ahnung gewonnen von der Lebensweisheit, dem Gleichmut, der Gelassenheit und der inneren Stärke von einzelnen Menschen der so unterschiedlichen Völker dieses damaligen Riesenreiches.

Geblieben ist die Erinnerung an die Begegnungen mit ihnen, die sich mir unauslöschlich eingeprägt haben, nachdem so vieles an Daten, Fakten und historischen Zusammenhängen inzwischen in Vergessenheit geraten ist.

Anhang

Reiseroute durch die UdSSR, 02.07.89–23.07.89

von	nach	in	mit	Kilometer
Düsseldorf	Moskau	Russland	Flugzeug	2700
Moskau	Tiflis	Georgien	Flugzeug	3200
Tiflis	Erewan	Armenien	Bus	280
Erewan	Baku	Aserbaid-schan	Flugzeug	700
Baku	Samarkand	Usbekistan	Flugzeug	2800
Samarkand	Buchara	Usbekistan	Eisenbahn	720
Buchara	Taschkent	Usbekistan	Flugzeug	780
Taschkent	Urgentsch	Usbekistan	Flugzeug	910
Urgentsch	Chiwa	Usbekistan	Bus	30
Chiwa	Urgentsch	Usbekistan	Bus	30
Urgentsch	Taschkent	Usbekistan	Flugzeug	910
Taschkent	Alma Ata	Usbekistan	Flugzeug	2300
Alma Ata	Bratsk	Sibirien	Flugzeug	3540
Bratsk	Irkutsk	Sibirien	klein. Flug-gerät	680
Irkutsk	Ust-Orda	Sibirien	klein. Flug-gerät	ca. 80
Ust-Orda	Irkutsk	Sibirien	klein. Flug-gerät	80
Irkutsk	Moskau	Russland	Transsib. Eisenbahn	5181
Umleitung	über Ba-raba-Ebene	Kasachstan	Transsib. Eisenbahn	780
Moskau	Düsseldorf	Deutsch-land	Flugzeug	2700

Gesamtlänge der Reise: 28.291 km

Danke

allen, die mir beim Entstehen dieses Buches Mut gemacht haben.

Rolf Braun für seine Anregung, die Ereignisse und Begegnungen meiner Reise auf jeden Fall festzuhalten und für seinen Standardsatz: »Du kannst schreiben und du musst schreiben«, meinem Sohn Tobias für die Ausstattung mit den technischen Hilfsmitteln und für seinen nimmermüden Einsatz bei meinen Hilfeanrufen, Kuni und Waldemar Engelhard sowie Brigitte Rüth für ihre Bereitschaft, sich durch das noch »rohe« Manuskript zu arbeiten und Anregungen zum Abrunden vieler Passagen zu geben, Katrin Hage für ihre konstruktive Kritik.

Ganz besonders danke ich meiner besten Freundin Ingrid Züchner für all die Mühe, die sie sich mit der Korrektur gemacht hat. Ich weiß, wie anstrengend so etwas ist.

Zum Schluss aber danke ich meinem allerliebsten Eugen für die Bereitschaft zum Zwischenlesen, zum Mutmachen und Zeitgeben, und dafür, dass er mir immerzu den Rücken freigehalten hat.